HANDBOOK OF GRAPE

育てて楽しむ

ブドウ

栽培・利用加工

Kobayashi Kazushi

小林 和司

創森社

ブドウは昔も今も
身近で大切な果物

ブドウを育てることの贅《ぜい》と悦《えつ》～序に代えて～

「ブドウの房が垂れ下がっていて、青葉がついているのを眺めるのは心地よかった」

紀元前３５００年頃、シュメール人によって楔形《くさびがた》文字で示されたこのフレーズは、「ブドウ」という言葉が記録された一番古いものだそうです。それよりもずっと以前から、ブドウは生食としてはもちろん、干しブドウにして保存用の食料に、ブドウ酒にして日頃の生活の楽しみにと、人々の生活にとって大切な果物として親しまれてきました。

庭先にある１本のブドウの樹は、育てる楽しみや果房や葉陰を愛《め》でる楽しみ、生食または加工して味わう楽しみ、さらには心身ともに健康になれる喜び、栽培をとおして自然の多様さを感じる喜びなど、たくさんの恵みを現在の私たちにも与えてくれます。

本書は、この身近な果物であるブドウを家庭で栽培し、楽しんでいただくための手引書として取りまとめたものです。

生食用の利用が主体の日本では、房づくりや摘粒など、外国の醸造用主要産地にはない独自の栽培技術が発達してきました。私は長年、ブドウの栽培、研究に携わってきましたが、現在、第一線の栽培現場で採用されている実践的な栽培技術や新知見についても書中にふんだんに取り上げたつもりです。すでにブドウ園で栽培管理をされているプロの皆様、また、これから本格的にブドウ栽培にチャレンジされる新規就農者の方々にも参考にしていただけるものと考えています。

読者の皆様が本書を参考にされ、自ら育てたブドウの樹のたわわに実った果房と青葉を眺め、心に安らぎと豊かさを感じていただけたら幸いです。

２０１５年　ブドウ棚の葉影　涼風薫る５月　　小林 和司

〈育てて楽しむ〉ブドウ　栽培・利用加工――もくじ

ブドウを育てることの贅と悦～序に代えて～　1

第1章　ブドウの魅力と生態・種類――5

家庭果樹ブドウの五つの魅力――6
果樹としてのブドウの特徴――9
ブドウはつる性の落葉果樹　9　果実は房状で漿果　9　多くの品種が自家和合性　10　種なし栽培が簡単にできる　11　挿し木で容易に増殖できる　11
茎、葉、花、果実、根の特徴――12
茎と葉の形状　12　花穂と花の特徴　13　果実の特徴　14　果肉の成分　15　果粒の大きさ　15　根の役割・伸長　16
ブドウの種類と品種特性――17
ブドウの分類　17
主要品種の特性　18
甲州　18／巨峰　20／デラウェア　20／ピオーネ　21／甲斐路　22／シャインマスカット　22／ゴルビー　23／藤稔　23／安芸クイーン　23／陽峰　24／ノースレッド　24／ナイアガラ　25／マスカット・ベーリーA　25
庭先に適した品種の条件――26
裂果しにくい品種　26　病気に強い品種　26　寒さに強い品種　26　樹勢が強くない品種　26

第2章　ブドウの育て方・実らせ方――27

庭植えの育て方の要点――28
自宅に合った品種を選択　28　健全な苗木を入手する　28　植えつけ場所は慎重に　28　広いスペースで地植え　29　小さなスペースでは鉢植え　29

一年間の生育サイクルと作業暦——30
発芽・展葉期 30　新梢伸長期 30　開花・結実期 31　果粒肥大期 32　果実成熟期 34　養分蓄積・休眠期 35

ブドウの樹の一生と生長段階——36
受精〜幼生期 36　幼木〜若木期 36　成木期（盛果期） 37　老木期 37

苗木の種類と選び方——38
自根苗か接ぎ木苗か 38　よい苗木の求め方 38
苗木を自作する場合のコツ 39

植えつけ場所と植えつけ方——40
植えつけ時期 40　植えつけ場所 40　庭への植えつけ方 40　鉢への植えつけ方 41

水やりと肥料のポイント——42
水やりのポイント 42　施肥のポイント 43

ブドウの仕立て方いろいろ——44
垣根仕立てと棚仕立て 44　一文字仕立て（棚） 46
自然形仕立て（棚） 48　あんどん仕立て（鉢） 49
その他の仕立て 50

棚づくりの材料と手順——51
パイプ棚づくりの一例 51
他の棚と材料いろいろ 52

芽かきの時期と方法——54
芽かきの目的 54　1回目の芽かき 54　2回目以降 55

新梢誘引・摘心のコツ——56
新梢誘引のコツ 56　摘心のポイント 57　副梢の取り扱い 58

房づくり作業のポイント——59
房づくり作業の重要性 59　大粒品種の房づくり方法 59　他の品種の房づくり方法 61

ジベレリン処理の効果と方法——62
ジベレリン使用の効果 62　ジベレリンの使用方法 63

摘房・摘粒作業のポイント——65
摘房の目安と方法 65　摘粒作業のポイント 66

カサかけ・袋かけと防鳥ネット——68
カサかけ・袋かけの効果 68　袋かけ作業のポイント 68　カサかけ作業の手順 69　防鳥ネットで万全を期す 69

適期収穫・食味と収穫後の管理——70
収穫時期の目安 70　ブドウの食味の要素 71　収穫後の適切な管理 71

整枝剪定のポイント——72
整枝剪定の目的 72　共通する剪定の基本事項 72
長梢剪定棚仕立て 74　短梢剪定棚仕立て 76　長梢剪定垣根仕立て 78　短梢剪定垣根仕立て 79

病害虫を防ぐために——80
耕種的な防除方法 80 物理的な防除 82 薬剤散布による防除 82
ブドウの繁殖の方法——83
挿し木の方法 83 緑枝接ぎの方法 83
コンテナ栽培の要点——85
コンテナ栽培の利点 85 大きさと培養土 86 コンテナ栽培での仕立て方 86 コンテナ栽培の施肥と水やり 87
あると便利な道具・資材——88

第3章 主産地の素顔と利用・加工——89

最古の品種甲州の発祥地として——90
江戸期からブドウの栽培、販売——91
ぶどうの丘は主産地のシンボル——92
発信力、集客力のあるブドウ園——93
お手製ブドウジャムのつくり方——95
濃縮ブドウジュースのつくり方——96
特製干しブドウのつくり方——97
ブドウシャーベットの楽しみ方——98
ブドウの苗木入手先案内 99 主な用語解説 101

世界最大級の果房ネヘレスコール

●MEMO

◆本書のブドウ栽培は関東甲信、関西を基準にしています。生育は地域、品種、気候、栽培管理法によって違ってきます。

◆果樹園芸の専門用語、カタカナ語、英字略語などについては、本文の初出時、および101頁「主な用語解説」で解説しています。

第１章

ブドウの魅力と生態・種類

収穫期のブドウ園（ゴルビー）

家庭果樹ブドウの五つの魅力

ブドウ栽培の歴史は古く、コーカサス地方やカスピ海沿岸では紀元前から栽培されていました。日本でも鎌倉時代には甲斐国《かいのくに》勝沼で栽培が始められています。

世界的にはワイン原料としての利用が多いのですが、日本では主に生食で利用されています。生食のほか乾燥させてレーズンに、ジャム、ジュース、ゼリーなどにも加工され、世界じゅうの人々に親しまれています。

どこまでもブドウ園が広がる（山梨県甲州市勝沼町）

古くから私たちの身近にあるこの果物は、たくさんの魅力にあふれています。ここでは、まず五つの魅力をあげておきましょう。

その1 育てて見て味わう楽しみがある

ブドウは品種が非常に多く、世界中に1万品種以上あるといわれています。実際に栽培されている品種はそんなに多くはありませんが、それでも他の果樹に比べ、多くの品種があります。房や果粒の形、色、食味などは大変バラエティーに富んでいます。

大人二人で担いだと記されているネヘレスコール（写真は4頁）のような大きな房からヤマブドウのような小さな房まで、果粒もゴルフボールのように大きい粒や卵形、弓形のものなど品種が豊富にあります。

さらに、果粒の色も紫黒や紫赤、鮮紅色、先端だけ赤くなるもの、黄色や緑色など様々です。香りはマスカットやフォクシー香といったブドウの代表的な香りのほか、青リンゴやイチゴの香りなどがあります。果肉は、パリッとした硬い食感がするものから果汁たっぷりジューシーなものまであり、見た目も食味もほんとうに豊富で楽しませてくれます。

その2 植えてから1～2年でみごとに結実する

「桃栗三年柿八年」ということわざがあるように、永年作物である果樹は実を結ぶまでにある程度の年数を要します。ちなみに、この言葉に続くフレーズは「柚は九年でなりかかる。梅は酸い酸い一三年。梨の馬鹿めは一八年」。

大粒で甘みの強い巨峰

甲州。800年の歴史をもつ生食、醸造兼用種

実際には、こんなには長くかからないと思いますが、それでも多くの果物は実を楽しむまでには、長い年数がかかります。

一方、ブドウは苗木を植えてから結実するまでの期間が、とても短い果樹です。苗木を植えて早ければ翌年から実がなり始めます。鉢植えやボックス栽培でも、地植えと同じような立派なブドウを収穫することができます。

また、ブドウのほとんどの品種は自家結実性といって自分自身の花粉で結実する性質がありますので、他の果樹のように、違う品種を近くに植えたり、授粉作業をする必要がなく一樹だけでも十分に結実します。

ブドウ狩りでにぎわう観光ブドウ園

その3 機能性成分が多く食べて健康になる

ブドウの果粒には甘みと果汁がたっぷりです。糖度は18～22%あり、果物のなかでも含有量は一番です。ブドウ糖と果糖が主成分であり、体内ですばやくエネルギー源になるので、疲れたときに食べると回復が早くなります。

赤色で大粒の陽峰。収穫期は8月上中旬

また、ブドウには、アントシアニンやレスベラトロールといったポリフェノールが豊富に含まれています。ポリフェノールには抗酸化の作用があり、活性酸素などによる老化防止、発ガン抑制の効果があります。

さらに血圧の上昇を抑えるカリウムや貧血予防に効果のある鉄分、動脈硬化や心臓病予防に効果のあるマグネシウムも豊富に含まれています。

最近では、レスベラトロールに生物の寿命をのばすという新たな機能が見いだされ、注目を集めています。「ブドウの棚架け法」を考案するなどブドウ栽培にも精通していた甲斐国の医者、永田徳本は日本歴史上最長寿の一一八歳まで生きたと伝えられていますが、ブドウをいっぱい食べていて健康長寿だったのかもしれませんね。

その4 日本じゅうどこでも栽培を楽しめる

ブドウ栽培の好適地は年平均気温10℃から20℃の範囲にあり、北緯、南緯とも30度から50度の間に分布しています。この範囲以外にも、台湾やタイ、インドなどでも経済栽培がおこなわれています。このように、気候や土壌に対する適応性が広いので、品種を選べば北海道から沖縄まで日本じゅうどこでも栽培できます。

例えば、北海道や長野県など冷涼な地域では耐寒性が比較的強いナイアガラ、スチューベンなどの米国系の品種が多く栽培されています。また、気温が下がりにくい西南暖地では、黒や赤の品種は色がつきにくいので、黄緑色の品種のほうが安定栽培できます。

紫黒色で米国種系のキャンベル・アーリー

ブドウにはたくさんの品種がありますが、あとで詳述するように大きく分けて、欧州種、米国種、欧米雑種の3タイプに分けられます。

このうち、乾燥地帯が原産の欧州種は、果実の品質は高いのですが、雨に弱く病気にかかりやすいので、降水量が多い地域での露地栽培は難しいと思われます。一方、米国種は比較的病気には強く栽培しやすい品種です。家庭果樹としては、米国種か栽培性と品質を兼ねそなえた欧米雑種の中から品種を選ぶとよいでしょう。

その5 省スペースでも手軽に栽培できる

手づくりの棚を設置し、庭先で栽培

ブドウは棚やトレリス（格子状の枠組み）など幹や枝を支えるものが必要ですが、植えつけの位置や枝葉の配置を自由に決めることができます。

庭の隅に植えてフェンスやパーゴラ（つる性植物をからませる棚）などに枝をはわすことができるし、幹を伸ばして2階のベランダで果実を楽しむことも可能です。また、ブドウは落葉が比較的遅いので、緑のカーテンとして西日避けなどの日陰効果も期待できます。

なお、ブドウは挿し木や接ぎ木で簡単に増やすことができます。1本のブドウの樹があれば、枝の挿し木により、自家ブドウ園の「規模拡大」も簡単ですし、例えば1本の樹に黒いブドウや赤いブドウ、黄緑のブドウなど違った品種の枝を接ぎ木し、わが家オリジナルの「ブドウファミリー」を仕立てれば1本の樹でいくつもの果実を楽しむこともできます。

果樹としてのブドウの特徴

ブドウはつる性の落葉果樹

ブドウ属植物の属名は *Vitis* と表記されますが、これはギリシア語の *vico*（結ぶ）に由来します。

世界で最も広範囲に栽培されるつる性の落葉果樹で物に巻きついて生長する特性があり、他の木本果樹とは姿、形が大きく異なります。

新梢は柔らかく節があり、それぞれの節目には葉が1枚ずつついていきます。葉は晩秋には黄色くなり、落葉します。

新梢の葉の反対側には、花穂または巻きひげがつきます。花穂がつく数は品種により異なりますが、普通は1新梢に1、または2花穂に制限して利用します（**図1、2**）。

つる性なので、自身の幹や枝を支えるために、パーゴラや、トレリス垣根などに誘引する必要がありますが、植えつけ位置や枝の配置は自由に決めることができます。

図1　花穂と巻きひげの着生位置

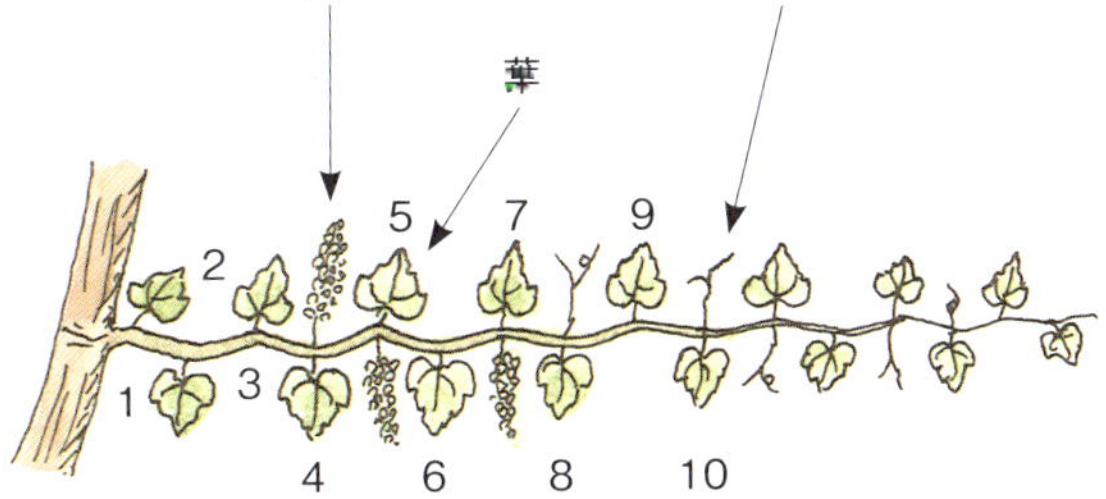

数字は節位を示す

図2　新梢の構造と名称

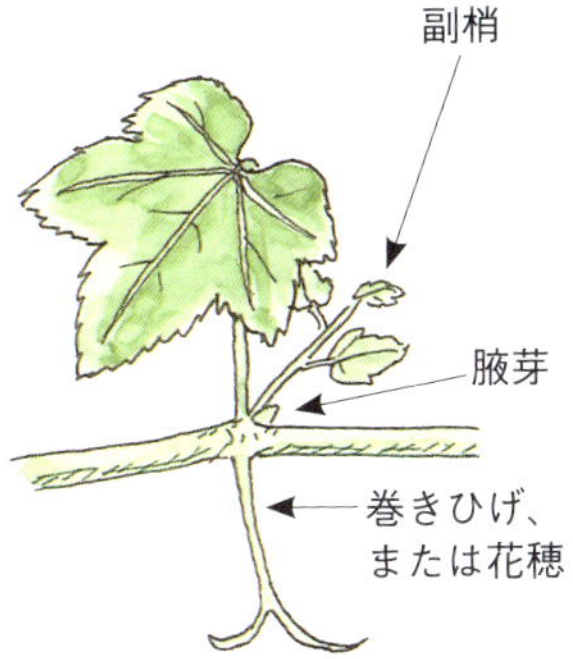

葉が展開し、花穂があらわれる

果実は房状で漿果

ブドウの果実は、いくつもの果粒が集まった集合体（房）です。

自然状態では、一つの花穂《かすい》に数百もの花が咲きますが、これらの花は養分競合により、すべてが結実するわけではありません。一般的には「房づくり」といって花穂を4cm程度に整形して、養分競合を防ぎ、結実を確保しています。

　果粒は、漿果と呼ばれているように水分がたっぷりです（**図3**）。7月に入ると硬かった果粒に水が引き込まれて柔らかくなり、糖分を蓄えながら成熟していきます。

図3　果粒の構造と名称（縦断面）

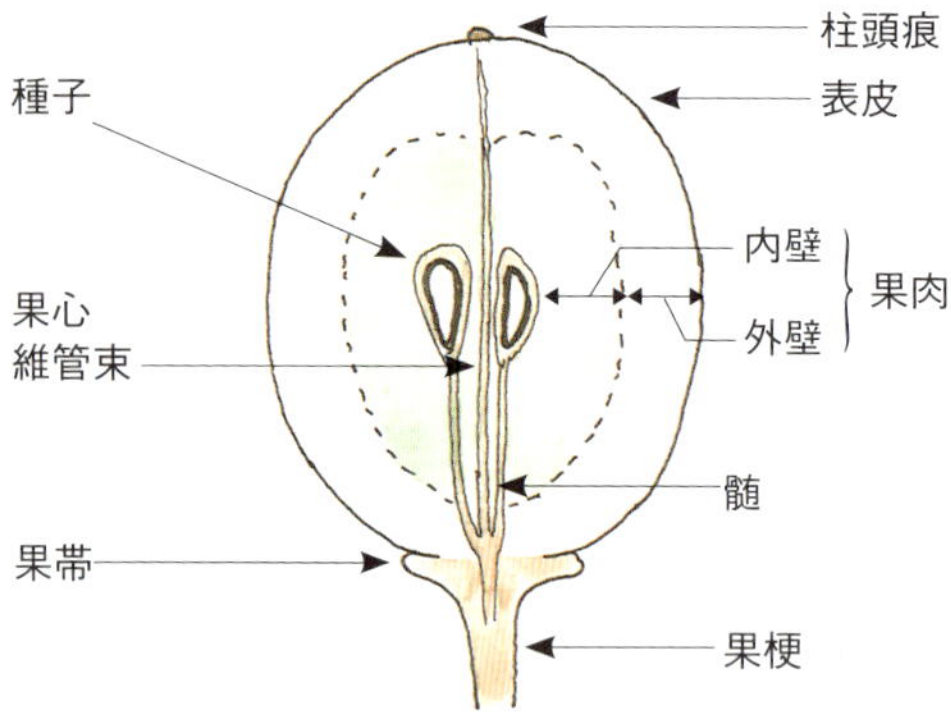

果粒の横断面と縦断面

果粒の縦断面（上）と横断面

果粒の横断面（上）と縦断面

多くの品種が自家和合性

　ブドウは自家和合性という性質があり、自身の花粉で受精がおこなわれ結実します。したがって、他の果樹のように異品種の花粉を受粉させる必要がありません。

　大部分の品種は自家和合性ですが、中には花粉に稔性がなく、種を結ぶことができない品種もあります。

例えばカッタクルガンや瀬戸ジャイアンツ、サニードルチェなどの雄ずい反転性（13頁の**図5**を参照）の品種、キングデラやサマーブラック、甲斐美《み》嶺《れい》などの3倍体品種は結実することができません。

このため、確実に果実を得るにはジベレリン処理（31頁、62頁を参照）による種なし栽培が前提となります。

果粒が紫黒色で円形のサマーブラック

果粒が長楕円形のサニードルチェ

短倒卵形で黄緑色の果粒の瀬戸ジャイアンツ

1果当たりの重さ4～5gの甲斐美嶺

やや大きめの果粒のキングデラ

種なし栽培が簡単にできる

現在、生食用のブドウでは消費者のニーズから種なし栽培が主流になっています。

ジベレリンを花穂に処理することで、簡単に種なし果房が得られます。ジベレリンの処理時期や濃度は品種によって異なっていますので、種なしにする場合は、ジベレリンの品種ごとの適用内容をよく確認してから使用するようにしてください。

挿し木で容易に増殖できる

一般に果樹は、「接ぎ木」による栄養繁殖によって増殖されています。「台木」に「穂木」を接ぎ木して苗木をつくりますが、この台木の使用は果樹園芸の大きな特徴です。

経済栽培用のブドウは、他の果樹と同じように台木に接ぎ木をして苗をつくりますが、挿し木によっても容易に増殖することができます。

茎、葉、花、果実、根の特徴

茎と葉の形状

ブドウの茎には節があり、各節からは葉が左右交互に着生しています。葉の反対側には花穂か巻きひげがつきますが、品種によりその規則性が異なります。

例えば、欧州系の品種では間続性といって、基部から数えて4枚目と5枚目、一つ飛ばして7枚目に巻きひげか花穂がつきます。一方、主に米国系の品種では3枚目、4枚目、5枚目と連続性を示します。

茎は多くの品種は表面がなめらかな状態ですが、中には溝状になった品種もあります。4月に発芽した緑色の茎は夏から秋にかけて登熟し、木質化していきます。登熟した茎を熟梢と呼び、熟梢の色も茶褐色や黄色など品種によって様々です。

旺盛な新梢には分泌液が球状に固まった「真珠玉」が見られます。これを初めて見た人はよく昆虫の卵と間違えてしまいます。

葉は、葉身と葉柄で構成されています（**図4**）。葉身は左右対称で5本の主脈があり、5角形や心臓型、腎臓型など裂刻の深さと主脈の配置により様々な形があります。このような葉の形状は品種により異なります。

図4　葉の構造と名称

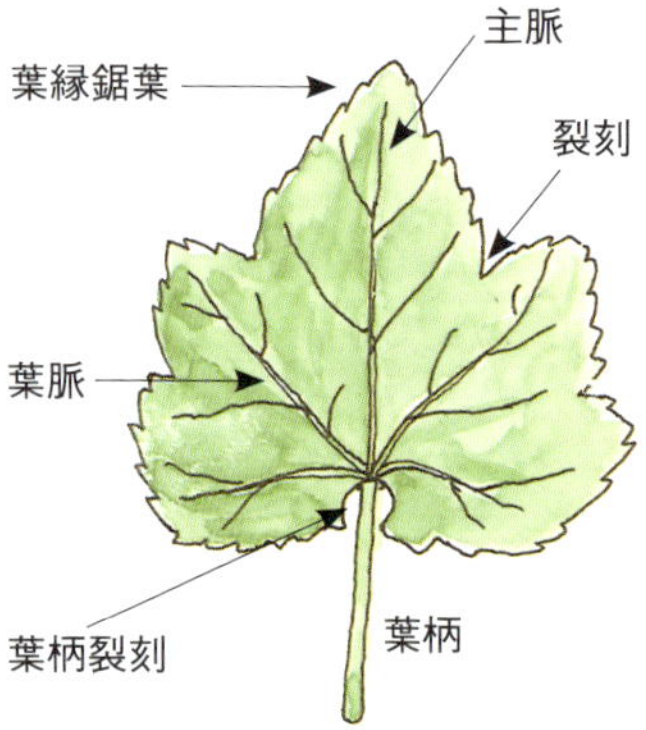

葉身は左右対称で、5本の主脈がある

分泌液が球状に固まった真珠玉

例えば、巨峰とピオーネなど果粒が似ている品種を見分ける場合、葉の裂刻の深さや葉裏の毛の有無が決め手となることもあります。

花穂と花の特徴

花穂と巻きひげは相同器官といって元々は同じものです。樹の内生ホルモンや栄養状態が整っていればしっかりとした花穂になり、条件が悪ければ巻きひげになります。花穂は品種特性により大小あります。また、同じ品種でも新梢の発生部位や樹の栄養状態により、大きさが異なります。

一つの花穂には数百もの花がついていますが、栽培されているほとんどの生食用ブドウの品種では花穂をハサミで整えて小さくし、摘粒をするので、果房についている果粒の数は大粒種では30~40粒に制限されています。

花は多くの品種では両性花といって雄しべと雌しべが一つの花の中にあります。ブドウでは雌しべ1本と雄しべ5~7本がキャップ（花冠）に包まれています（**図5**）。

開花期にはキャップが飛び、自家受粉して種を結び、生長して果粒になっていきます。

一つの花穂には数百もの花がついている

図5　花の構造と名称

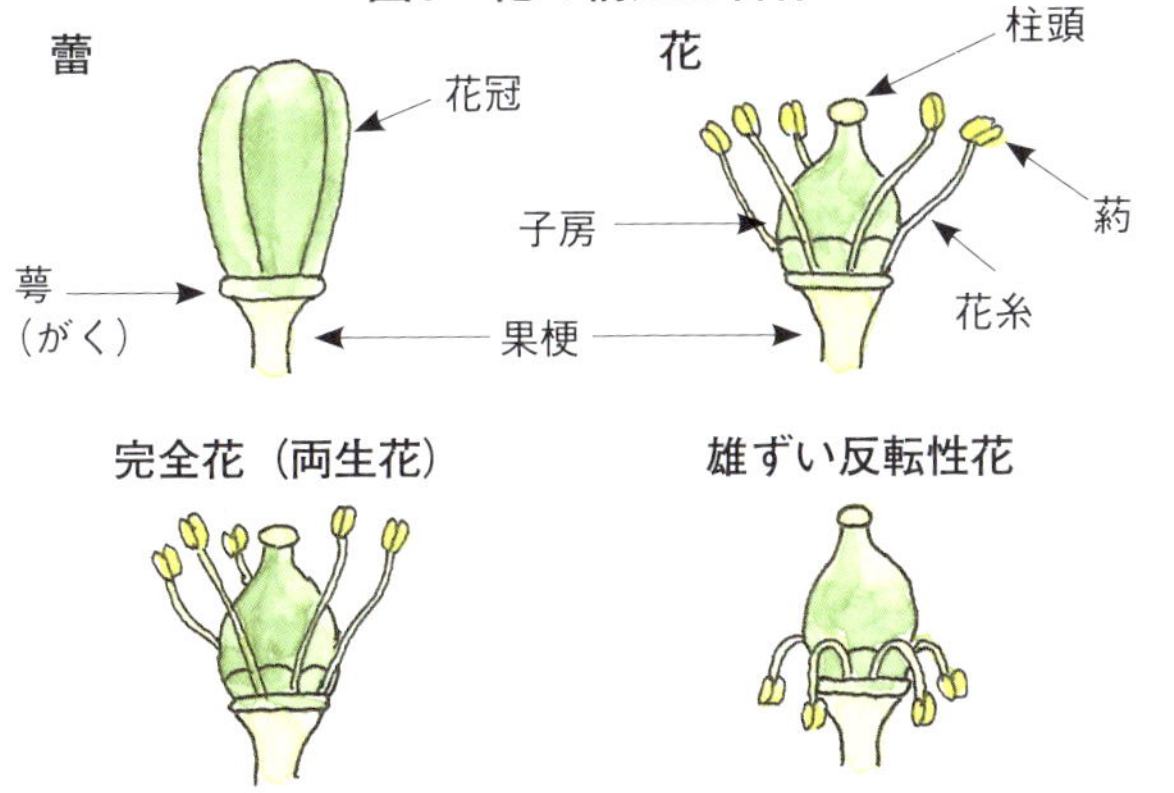

開花期の果房（ピオーネ）

果実の特徴

ブドウの果実は、果汁がいっぱい詰まった漿果である果粒がまとまって一つの房をつくっています。

果粒は、大きい粒から小さい粒まで色も形も様々（**図6**）。房も自然状態では円筒形や円錐形、有肩円筒形など様々です（**図7**）。

しかし、日本で経済栽培をしているブドウは前述したように整房や摘粒をおこなっているので、お店に並んでいるブドウのほとんどは円筒形か円錐形をしています。

果粒の表面はブルームといって白い粉状のもので覆われており、雨や病気からブドウを守っています。ブルームの主要成分はオレアノール酸という物質ですが、アンチエイジングの機能性成分として最近注目されています。

図6　果粒の形状

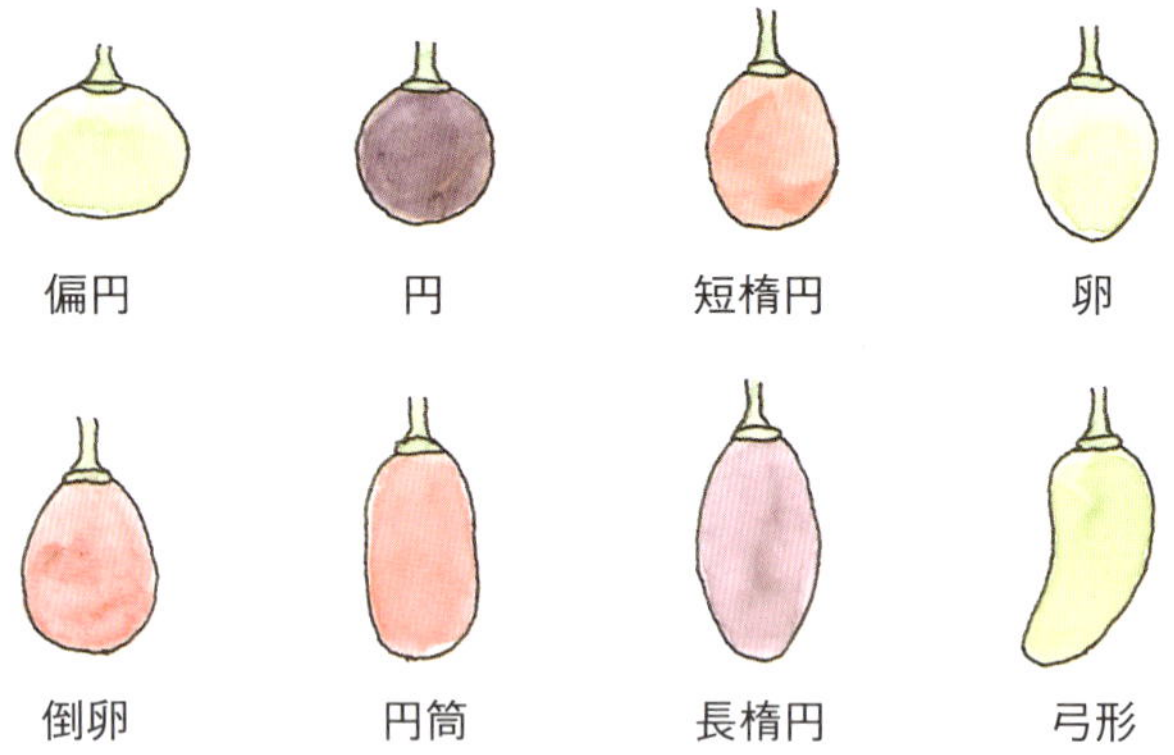

図7　果房の形状

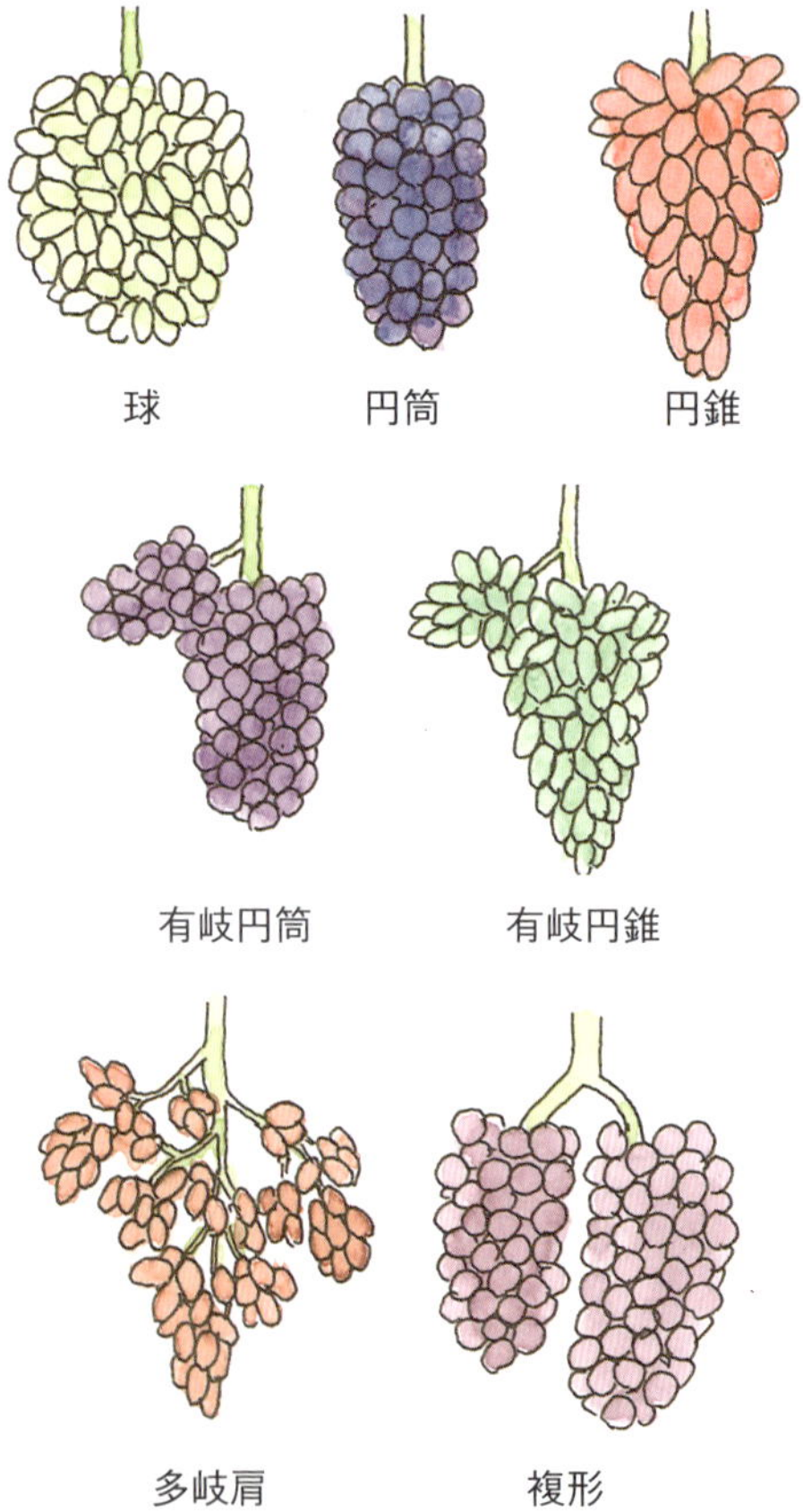

ブルームを落とさずに出荷

大粒で美味のリザマート

果粒が弓形の欧州種ピッテロビアンコ

このブルームが厚くのっている果粒は新鮮で商品性が高いので、ブドウ農家は収穫の際にはブルームを落とさないように、ていねいに扱っています。

なお、果粒の表面には気孔がほとんど存在しないので、軸から切り離してつぶつぶにして保存することで蒸散が抑えられ、長く楽しむことができます。

果肉の成分

一般に果肉と呼ばれる可食部分は、子房が肥大した内壁と外壁部分からできています（10頁の**図3**を参照）。ベレーゾン（34頁参照）を過ぎると果粒は成熟期に入ります。

細胞壁を構成するセルロースの分解とペクチンの可溶化、水分の増加によってこれまで硬かった果肉の軟化が進み、ブドウ糖や果糖を主体とした糖の蓄積が始まります。反対に幼果期に蓄積されていた酒石酸やリンゴ酸は急激に減少していきます。

果粒が長楕円形の欧州種マニキュアフィンガー

果肉には豊富な糖分のほか、カリウムやカルシウム、リンなども豊富に含まれています。

ちなみに、おいしく食べられるようになる時期を糖度と酸含量の比率で表すことができます。例えば巨峰群品種では、甘味比（糖度（Ｂｒｉｘ）／酸含量（ｇ／１００㎖））25以上が可食始め期の目安となります。

果粒の大きさ

果粒の大きさは、デラウェアのように１・８ｇ程度の小さいものから、藤稔やルビーロマンのように25ｇを超えるものまで大小様々。同じ品種でも樹勢や栽培管理などによって大きさは若干異なりますが、やはり品種特性により果粒の大きさは決まってきます。

一般に欧州系品種は米国系品種に比べ大きい傾向があります。また、倍数性の違いも果粒の大きさに大きく影響していて、４倍体品種は２倍体や３倍体に比べ、大きい傾向にあります。

ブドウの染色体は19を基本数とし、体細胞の染色体数は2倍体で38（2n＝38）、3倍体では57、4倍体では76です。世界的に見るとブドウの品種はほとんどが2倍体で、4倍体は少なく、3倍体はごく僅かです。

4倍体品種は、染色体数がなんらかの原因で基本染色体数の4倍になったもので、多くは枝変わりとして発見されました。2倍体品種に比べ花や果粒が元の品種より大きいものが多く、キャンベルアーリーの枝変わりの石原早生やロザキの枝変わりのセンテニアルなどがあります。ただ、そのまま経済栽培されているものはほとんどなく、交雑親として利用され巨峰やピオーネ、藤稔など多くの大粒品種が作出されています。

3倍体品種は4倍体品種と2倍体品種の交雑により育成されたもので、自然状態では無核で結実しないので経済栽培ではジベレリン処理が不可欠になります。

果粒は多種多様（ブドウ産地の直売所）

根の役割・伸長

根は、養水分の吸収はもちろん、吸収した無機物と地上から送られてくる物質を材料に様々な養分を生産する場でもあります。花芽の分化や発達に必要なホルモンを生成することも知られています。さらに、春先の発芽や新梢伸長に必要な栄養の貯蔵器官にもなっています。

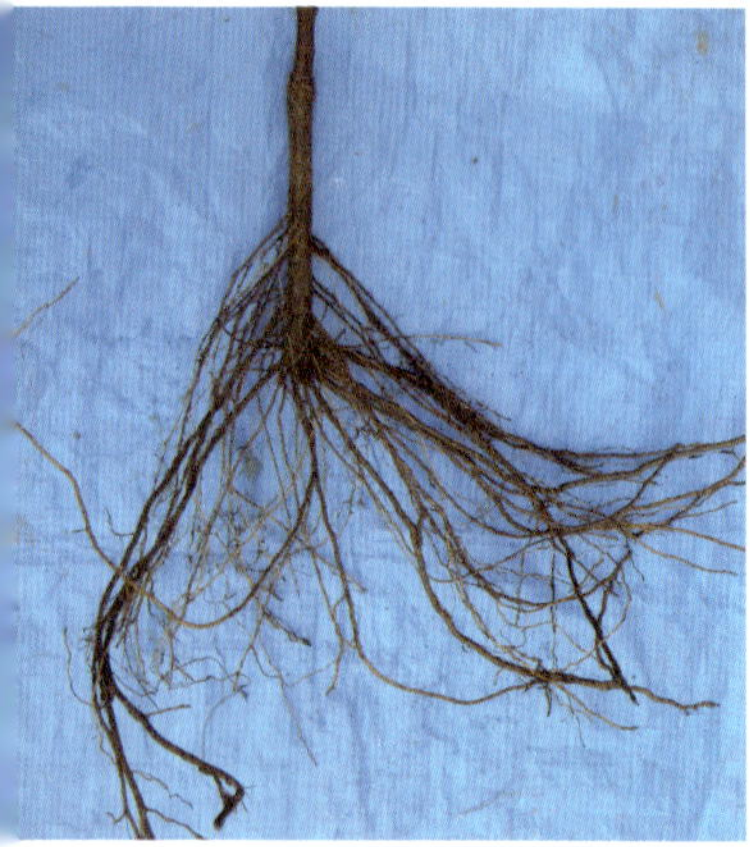
台木の根

根の発育は、地温が上昇する発芽期前後から始まり、開花から結実期の頃から盛んになり、幼果の肥大期である果粒肥大第Ⅰ期に新根の発生が最も多くなります。夏季にはほとんど根の発達はなく、秋の収穫後に再び発達が活発となって、いわゆる秋根の伸長期になります。晩秋、気温が13℃以下になるとほぼ、年間の生育が終了するといわれています。
地下部のことは目に見えないのでおろそかになりがちですが、根を健全に生育させるためには、土壌環境を改善する土づくりが大変重要な管理作業になります。

ブドウの種類と品種特性

ブドウの分類

ブドウはブドウ科ブドウ属（学名：*Vitis*）のつる性植物です。

ブドウ属の分類には様々な意見や方法、報告があり、また、近年、遺伝子解析などの新手法が次々に開発され、新たな知見が得られる可能性もあると思います。

現在、生食用、または醸造用（世界の総生産量の80%を占める）として栽培されているブドウは、次のとおりにおおまかに分けられます。

ヨーロッパブドウ
（欧州種　*V.vinifera.L.*）
アメリカブドウ
（米国種　*V.labrusca.L.*）
両者の交雑である欧米雑種
（*V.vinifera.L.*×*V.labrusca.L.*）

なお、野山に自生しているヤマブドウは、同じブドウ属のアジア野生ブドウ（*V.amurensis Rupr*）に区分されます。

着色始め期の欧州種の甲斐路

ヤマブドウを交配したヤマソービニオン。赤ワイン専用種

醸造用のヤマブドウ交配種

欧州種

アジア西部に原生し、コーカサスからギリシア、エジプトを経て地中海沿岸諸国へ伝播するとともに、中央アジア、中国へも伝わり、改良されてきました。温暖で夏の降水量が少ない地域が原産であるため、雨の多い日本では病気や裂果などが問題となり露地での栽培は難しいのですが、果実品質に優れた品種が多く、雨よけ施設を中心に栽培されています。

米国種系のスチューベン

欧州種ロザリオビアンコ

米国種

北米大陸が原産です。冬季低温、夏季多雨といった北米地域の環境条件に適応した特性を持っているので、栽培に適する範囲が広く、栽培は比較的容易です。現在では嗜好の変化により栽培面積は減少していますが、栽培しやすい長所を活かして、欧州ブドウとの交雑に利用され、欧米雑種が数多く作出されています。

欧米雑種サニールージュ

欧米雑種

果実品質が優れる欧州種の特性に、栽培しやすい米国種の特性を付与することを目的に交雑され、現在では、巨峰群品種など数多くの品種が作出されています。欧州種と米国種の長所を活かして育成されているので、両種の中間的な特性を持っています。

近年ではシャインマスカットのように欧米雑種に欧州ブドウ種をさらに交雑し、より欧州種の品質に近づけた新品種が育成されており、今後の有望品種として期待されています。

以上の分類のほか、ジベレリンなどの植物生育調節剤の適用品種として、各材に対する反応性、倍数性や育成経過などを考慮した分類により「2倍体米国系品種」や「巨峰系4倍体品種」などに分類されることもあります。

主要品種の特性

ここでは、生食用として親しまれている主要品種の特性を**表1**で示し、さらに主力品種の特徴を紹介します。

●甲州

1186年に現在の山梨県甲州市上岩崎の山中で発見され、栽培に移されたものと伝えられており、以降、山梨県では800年以上も栽培が続いてい

果粒重(g)	香り	肉質
4～5	無	塊状
10～12	無	崩壊
1.5～2	無	塊状
4～5	フォクシー	塊状
10～15	マスカット	崩壊
4～5	フォクシー	塊状
10～15	無	崩壊
10～15	無	崩壊
12～15	マスカット	崩壊
11～13	マスカット	崩壊
10～15	無	崩壊
5～6	無	崩壊
13～15	無	崩壊
16～18	無	崩壊
10～14	その他	崩壊
1.5～2	無	塊状
8～10	無	中間
3～4	無	塊状
7～10	フォクシー	中間
5～7	フォクシー	塊状
10～12	フォクシー	中間
10～15	フォクシー	中間
15～20	フォクシー	中間
10～15	フォクシー	中間
15～18	フォクシー	中間
8～10	フォクシー	塊状
8～10	フォクシー	中間
15～20	無	崩壊
15～20	無	中間
10～15	特殊	中間
13～15	フォクシー	中間
13～16	無	崩壊
13～18	無	中間
11～14	無	中間
5～6	フォクシー	塊状
11～12	フォクシー	中間
9～10	その他	中間
14～18	無	中間
14～16	フォクシー	崩壊
12～13	その他	崩壊
13～15	フォクシー	中間

表1　ブドウ主要品種の特性一覧

種名	倍数性	系統	交配親	熟期*	着色	果粒形
甲州	２倍体	欧州種	甲斐国勝沼（祝村）で発見	9月下～10月下	紫赤色	短楕円
甲斐路	２倍体	欧州種	フレームトーケー×ネオマスカット	9月下～10月下	赤色	卵
デラウェア	２倍体	欧米雑種	アメリカ合衆国で発見	7月下～8月中	紫赤色	円
ノースレッド	２倍体	欧米雑種	セネカ×キャンベルアーリー	8月下～9月上	赤褐色	円
シャインマスカット	２倍体	欧米雑種	ブドウ安芸津21号×白南	8月中～9月上	黄緑色	短楕円
ナイアガラ	２倍体	米国種	コンコード×キャサディ	9月上～中	黄白色	円
ロザリオビアンコ	２倍体	欧州種	ロザキ×アレキ	9月上～中	黄緑色	倒卵
瀬戸ジャイアンツ	２倍体	欧州種	グザルカラー×ネオマスカット	8月下～9月上	黄緑色	短倒卵
ルビー・オクヤマ	２倍体	欧州種	イタリアの枝変わり	9月上～中	赤色	短楕円
ブラジル	２倍体	欧州種	紅高の枝変わり	8月下～9月上	暗赤黒色	短楕円
マニキュアフィンガー	２倍体	欧州種	ユニコン×バラティー	9月上～中	紫赤色	長楕円
ピッテロビアンコ	２倍体	欧州種	イタリアまたは北アフリカ原産	9月下～10月上	黄緑色	弓
リザマート	２倍体	欧州種	カッタクルガン×パルケントスキー	8月中	紫赤色	長楕円
ジュエルマスカット	２倍体	欧州種	山梨47号×シャインマスカット	9月上～中	黄緑色	長楕円
サニードルチェ	２倍体	欧州種	バラディ×ルビーオクヤマ	8月下～9月上	赤色	長楕円
紅南陽	２倍体	欧米雑種	デラウェアの枝変わり	7月中～下	紫赤色	短卵
オリエンタルスター	２倍体	欧米雑種	安芸津21号×ルビーオクヤマ	8月下～9月上	紫赤色	短楕円
キングデラ	３倍体	欧米雑種	レッドパール×アレキ	8月上	紫赤色	卵
サマーブラック	３倍体	欧米雑種	巨峰×トムソンシードレス	8月上～中	紫黒色	円
甲斐美嶺	３倍体	欧米雑種	レッドクイーン×甲州三尺	8月中～下	黄白色	扁円
BKシードレス	３倍体	欧米雑種	マスカット･ベーリーA×巨峰	9月上	紫黒色	円
巨峰	４倍体	欧米雑種	石原早生×センテニアル	8月中～9月上	紫黒色	倒卵
ピオーネ	４倍体	欧米雑種	巨峰×？	8月中～9月上	紫黒色	倒卵
安芸クイーン	４倍体	欧米雑種	巨峰の自家受粉、実生	8月中～9月上	赤色	倒卵
ゴルビー	４倍体	欧米雑種	レッドクイーン×伊豆錦	8月中～9月上	赤色	倒卵
陽峰	４倍体	欧米雑種	巨峰×アーリーナイアベル	8月上～中	赤色	短楕円
高尾	４倍体**	欧米雑種	巨峰の実生	8月中～下	紫黒色	楕円
伊豆錦	４倍体	欧米雑種	井川205号×カノンホールマスカット	8月中～下	紫黒色	短楕円
藤稔	４倍体	欧米雑種	井川６８２号×ピオーネ	8月中～下	紫黒色	短楕円
紫玉	４倍体	欧米雑種	巨峰高墨系の枝変わり	8月上～中	紫黒色	短楕円
シナノスマイル	４倍体	欧米雑種	高墨の自然交雑実生	9月上	赤色	短楕円
紅義	４倍体	欧米雑種	巨峰の偶発実生	9月上～中	赤褐色	倒卵
翠峰	４倍体	欧米雑種	ピオーネ×センテニアル	8月下～9月上	黄白色	長楕円
多摩ゆたか	４倍体	欧米雑種	白峰の自然交雑実生	8月中～下	黄白色	短楕円
サニールージュ	４倍体	欧米雑種	ピオーネ×レッドパール	8月上	紫赤色	短楕円
ダークリッジ	４倍体	欧米雑種	巨峰×(巨峰×ナイアベル)	8月中～下	紫黒色	短楕円
ハニービーナス	４倍体	欧米雑種	紅瑞宝×オリンピア	8月下	黄緑色	短楕円
ブラックビート	４倍体	欧米雑種	藤稔×ピオーネ	8月上～中	紫黒色	短楕円
クイーンニーナ	４倍体	欧米雑種	安芸津20号×安芸クィーン	9月上～中	赤色	倒卵
サンヴェルデ	４倍体	欧米雑種	ダークリッジ×センテニアル	9月上～中	黄緑色	倒卵
甲斐のくろまる	４倍体	欧米雑種	ピオーネ×山梨46号	8月上	青黒色	球

*熟期、果粒重は一部の品種を除き山梨市の露地栽培においてジベレリン処理による種なし化した場合の値
**高尾は染色体数が少ない低位４倍体

ます。

遺伝的には欧州系と野生種の混血と考えられており、比較的病気には強く、裂果の発生も少ないため、雨の少ない山梨県では栽培は容易です。

甲州

紫赤色で端正な果房の甲州

病気に強く、裂果の発生も少ない

成熟期は9月下旬以降で、薄紅色の果房がたわわに実った風景は郷愁を誘い、観光ブドウ園では欠かせないものになっています。生食用のほか、白ワインの原料としても利用されており、

巨峰

多汁で食味良好の巨峰

栽培面積がトップで、日本を代表する品種

近年では和食に合うワインとして海外でも評価が高まっています。

●巨峰

静岡県の大井上《おおいのうえ》康《やすし》氏が石原早生（キャンベルアーリーの変異）にセンテニアル（ロザキの変異）を交雑して育成した4倍体の品種で、1945年に命名、発表されました。

大粒で食味もよいため、全国各地で栽培が広がり、現在では栽培面積も第1位となり日本を代表する品種になっています。また、巨峰を親とする品種も数多く育成され、それらは「巨峰群品種」という一大グループを形成しています。

熟期は8月中旬から9月上旬。果皮色は紫黒色、一粒は10～15gになります。多汁で食味は良好です。ジベレリンによる種なし栽培も可能で、現在ではその比率も増えつつあります。

●デラウェア

1850年頃に米国ニュージャージ

デラウェア

ブドウシーズン開幕を知らせるトップバッター

甘みの強いデラウェア

ピオーネ

ピオーネは巨峰群グループを代表する優良品種

1果当たりの重さ15～20g

ー州で発見された偶発実生《みしょう》で、日本には1870～80年代にフランスやアメリカから導入されました。

食味が優れ栽培しやすいことから、栽培が普及し、早生の代表的な品種として全国的に栽培されているおなじみの品種です。現在では、ほとんどがジベレリン処理により種なし栽培されています。

種なし栽培をすると露地でも7月に収穫できるので、ブドウシーズン開幕の一番バッターです。果房は150g程度、果粒は平均1・8gと小粒ですが、果肉は果皮と離れやすく、多汁で甘みが強く食味は良好です。

●ピオーネ

静岡県の井川秀雄氏が巨峰を親にして育成した4倍体品種です。1973年にピオーネの名で名称登録されました。

15～20gになる果粒は大きさでは巨峰を凌ぎ、果肉が締まり食味は良好です。数多き巨峰群グループを代表する優良品種です。登録された当初は、樹勢が旺盛で花ぶるい性（31頁を参照）も強かったため、「暴れ馬」と呼ばれるくらい栽培が難しかったようです。

しかし、ジベレリンによる種なし栽培技術が確立されてからは、結実も安定し、栽培しやすくなりました。熟期は8月下旬で巨峰より少し遅い時期になります。

●甲斐路

山梨県甲府市の植原正蔵氏がフレームトーケーとネオマスカットを交雑して育成した品種で、1977年に種苗登録されました。

果粒は10～12gと大きく、糖度は高く果肉が締まり食味は優れます。大房で鮮紅色の外観は美しく山梨県を代表する高級品種として定着しています。

収穫時期は10月以降と晩生ですが、甲斐路より約20日早く成熟する枝変わり種の赤嶺《せきれい》が発見され、現在では早生甲斐路として赤嶺が多く栽培されています。

雨の少ない山梨県では露地栽培が可能ですが、純欧州種であるため病害の発生には注意が必要です。

甲斐路

甲斐路の収穫期は10月以降。病害の発生に注意

大粒で外観の美しい優良品種

●シャインマスカット

現在の(独)農業・食品産業技術総合研究機構果樹研究所においてブドウ安芸《あき》津《つ》21号と白南《はくなん》を交雑して育成した黄緑色の2倍体品種で、2006年に品種登録されました。

近年、食味のよさと比較的栽培しやすいことから全国的に栽培が広まっています。ほとんどがジベレリン処理による種なし栽培がおこなわれています。

果粒重は15g程度と大粒で果肉が硬く、皮ごと食べられます。また、マスカット香があり、糖度が高く、酸味が少ないため食味が優れ、消費者には大人気の品種となっています。今後も全

シャインマスカット

酸味、渋みともに少なく、栽培しやすい品種

食味が優れ、皮ごと食べられる

国的に栽培の増加が予想されます。

●ゴルビー

甲府市の植原宣紘氏がレッドクイーンと伊豆錦を交雑（1983年）して育成した4倍体の品種です。巨峰群グループの赤系品種の中では果粒が大きくボリューム感があり、注目されています。

果粒重は15～18g、中には20gを超えるものもあります。果肉が硬く締まっていて食味は優れます。花ぶるい性が強いので、ジベレリン処理により種なし栽培することで栽培は安定します。なお、ゴルビーという名前ですが、大きくて丸くて赤い果粒から旧ソ連のゴルバチョフ大統領をイメージして命名されたそうです。

ゴルビー

巨峰群グループの赤系品種

●藤稔

神奈川県の青木一直氏が井川682号とピオーネを交雑して育成した4倍体品種で、1985年に品種登録されました。

藤稔

巨峰群グループの黒系品種では果粒が最大

肉質は柔らかくジューシー

巨峰群グループの黒系品種の中では果粒が最も大きく、ボリューム感があります。果粒重は15～20g、中には25gを超えるものもあります。果肉は巨峰よりやや柔らかくジューシーで観光園では大人気の品種です。

新梢が徒長せず種が入りやすいので、種なし栽培する場合は強めの樹勢に導く必要があります。成熟期は8月中旬で巨峰とほぼ同時期に収穫できます。

●安芸クイーン

現在の(独)農業・食品産業技術総合研究機構果樹研究所において、巨峰を自家受粉させて得た実生の中から選抜された4倍体品種で、1993年に品種登録されました。

果皮色は赤色で、果粒重は平均13g程度になる大粒種です。果肉は巨峰よりやや硬く、甘みが強く食味は優れています。花ぶるい性がやや強いので、結実安定を図るためジベレリン処理により、種なし栽培をおこなうとよいでしょう。

成熟期は8月中旬で巨峰と同じかやや早く収穫できます。巨峰群グループの中の代表的な赤系品種の一つです。

安芸クイーン

食味良好で巨峰群グループの代表的な赤系品種

果皮が赤色。収穫期は８月中旬

●陽峰

福岡県農業総合試験場において巨峰にアーリーナイアベルを交雑して育成した４倍体品種で、１９９７年に品種登録されました。４倍体ブドウとしては花ぶるい性が少なく、種あり栽培でも安定して栽培できます。

果粒重は8～10g、果肉はやや柔らかく、強めのフォクシー香が特徴です。赤系４倍体品種では花ぶるいや着色障害が栽培上の問題となりやすいのですが、陽峰はよく着色し栽培もしやすいので、家庭栽培に向く品種の一つです。成熟期は8月上中旬で巨峰よりも早く収穫できます。

陽峰

よく着色し、栽培しやすい品種

●ノースレッド

現在の(独)農業・食品産業技術総合研究機構果樹研究所においてセネカにキャンベルアーリーを交雑して育成された２倍体品種で、１９９０年に品種登

ノースレッド

強健で耐寒性があり、栽培適地も広い

果皮が赤く、甘みが強い

録されました。

　果皮色は赤色で、果粒重は5g程度になります。甘みが強く、イチゴに似たフォクシー香があります。耐寒性が強いので栽培適地も広く、北海道や東北地方でも安定栽培が可能です。また、結実性も良好で、病気にも強いので、栽培しやすく家庭栽培に向く品種と思われます。

ナイアガラ

純粋な米国系品種。耐寒性があり、栽培しやすい

果皮が黄白色の中粒のブドウ

●ナイアガラ

　1872年に米国ニューヨーク州のホーグ氏とクラーク氏がコンコードとキャサディという品種を交雑して作出したといわれています。親の両品種とも米国北部の野生種であるラブラスカ種から選抜された品種であり、ナイアガラは純粋な米国系品種といえます。

　日本には1893年に導入され、耐寒性が強く冷涼な気候を好むことから北海道や東北地方、長野県で栽培が広がりました。花穂の着生もよく、花ぶるいも少ないため、栽培は比較的容易です。独特のフォクシー香があり、この香りを好む一部のファンからは、根強い支持を得ています。

マスカット・ベーリーＡ

生食、醸造兼用品種。強健で栽培しやすい

●マスカット・ベーリーA

　新潟県の川上善兵衛氏がベーリーにマスカットハンブルグを交雑して得られた実生の中から選抜した2倍体品種で、1940年に命名、発表されました。気候や土壌の適応性が広いので、戦後、全国各地で栽培されるようになりました。

　現在でも生食と醸造の兼用品種として広く栽培されています。生食用ではジベレリン処理により種なし化された果実が生産され、ニューベリーAの名称で販売されています。醸造用では濃厚な色調の赤ワインの原料として利用されています。

　結実性が良好で病気にも強いので、家庭栽培に向く品種の一つです。

庭先に適した品種の条件

庭先果樹では、ブドウ農家の大規模栽培と異なり、大規模な薬剤散布や雨よけ施設の設置などが困難なため、栽培環境がある程度制限されます。

庭が広く雨よけ施設も設置できるような場合には、どんな品種も栽培できますが、庭先栽培では、適した品種も絞られてきます。おいしい品種や珍しい貴重な品種の栽培にチャレンジしたい気持ちになりますが、まずは栽培しやすい品種を選択することが肝要です。

以下に庭先栽培に適した品種の条件を示してみましたが、具体的な品種は、前記した品種解説や品種一覧を参考に自宅の庭に適した品種を選んでください。

裂果しにくい品種

特に欧州系の高級種といわれる品種の中には、雨の多い露地で栽培すると成熟期に裂果するものがあります。果皮が薄く果肉が硬いので、皮ごと食べられ食味のよい品種が多いのですが、プロでも栽培が難しく、庭先栽培では避けたほうがよいでしょう。

米国系か欧米雑種の裂果しにくい品種を選びます。

病気に強い品種

ブドウの病気のほとんどは雨滴で感染します。一度病気にかかってしまうと完治が難しい病気もありますので、経済栽培している園では薬剤の予防散布をおこなっています。家庭園芸で、雨よけ施設がない場合は、病気にかかりにくい品種を選ぶことが大切です。

一般に欧州系の品種よりも、**米国系か欧米雑種**の品種が病気に強く、栽培はしやすいです。

寒さに強い品種

冬季の最低気温がマイナス10℃以下になるような寒冷地では、樹の幹が割れたり、春先に発芽しないことがあります。このような地域のブドウ農家は樹体を土に埋めて寒さから守っています。防寒対策が困難な庭先栽培では、初めから寒さに強い**米国系か欧米雑種**の品種にすることが無難です。

樹勢が強くない品種

先にも述べましたが、庭が広ければどのような品種でも栽培は可能ですが、狭い場合にはあまり樹冠が広がらないような、樹勢のあまり強すぎない品種を選ぶことが大切です。

この場合、欧州系よりも**米国系**の品種のほうが樹勢が落ち着きやすい特性があります。

第2章

ブドウの育て方・実らせ方

成熟期を迎えるブドウ園（甲斐路）

庭植えの育て方の要点

自宅に合った品種を選択

先に述べたように、庭先園芸には経済栽培のブドウ園とは異なり、栽培環境や栽培技術といった人的条件が制限されます。無理なくブドウ栽培を楽しむためには、自宅の庭先の環境条件に適した品種を選択することがポイントとなります。

昔から「品種に優る技術なし」といわれていますが、適した品種の導入は、栽培上の問題点を抜本的に解決することができるからです。裂果性が少なく、病気に強い栽培しやすい品種を選択することが肝要です。

病気に強いキャンベルアーリー。中粒で家庭栽培に適した欧米雑種

健全な苗木を入手する

栽培する品種が決まったら、苗木の準備をします。健全な苗木選びが品種選択と同じように、将来よい果実を得るためのポイントとなります。

ブドウにはウイルスや細菌が原因の病気がありますが、これらの病気は接ぎ木で伝染し、一度罹病した樹は治ることがありません。ウイルスや細菌が原因の病気にかかっている樹は果実の糖度が上がらなかったり、樹勢が弱くなって途中で枯死することもあります。

苗木の状態ではウイルス病に感染しているかどうかは肉眼ではわかりませんので、信頼できる業者から入手するようにしましょう。最近ではウイルスフリー苗も多く取り扱われていますので、できればウイルスフリー苗を選ぶようにします。

苗木業者が準備するポット苗

植えつけ場所は慎重に

ブドウは草花とは違い、1年で刈り取ったり、種をまき直すことはできません。上手に管理すれば10年、20年と楽しむことができます。このため、地植えする場合は、将来の枝の配置を想定し、よく考えて植えつけ場所を決めるようにします。

ブドウはつる性で幹や新梢は柔らかいので、2年生以上の比較的太い枝でも自由に動かすことができます。だからといって植えつけ場所は、どこでもいいというわけではありません。将来的に邪魔にならず、よく陽光が当たる場所に植えつけてください。暗く湿気の多い場所や硬い土壌では、病気にかかりやすく、初期生育も不良になり、将来よい樹には育ちません。

ベランダにパーゴラを設置

プランターで育てる

広いスペースで地植え

地植えする場合は、ある程度のスペースと棚か垣根の設置が必要となります。例えば棚栽培のブドウ園では10ａ当たり5本植え、つまり1本当たり200㎡程度に樹冠を広げて栽培しています。庭植えでもしっかり土壌改良がなされた場所では、100㎡程度まで広げることができます。

スペースの上限は上記のとおりですが、良質な果実を得るためには、一樹当たり、棚では2坪（6・6㎡）程度、垣根では1〜2ｍ程度が最低限必要となるでしょう。

窓辺に緑のカーテンとして植栽

小さなスペースでは鉢植え

鉢栽培であれば、庭植えのようなスペースがなくても栽培ができます。

植えつける容器は鉢、プランター、樽、木箱などどんな容器でもかまいません。鉢では10号（直径約30㎝）くらいがちょうどよいと思います。

プランターなどの容器はなるべく深い物が適しています。プランターを窓辺の下に置き、ネットをはわせて緑のカーテンを演出することもできます。

鉢植えでは、鉢に挿した支柱と針金を組み合わせて枝をはわせるように仕立てるので、移動も可能だし、1ｍ程度の幅が確保できる場所であればどこでも設置できます。

一年間の生育サイクルと作業暦

ブドウの一年間の生育ステージと主な栽培管理を33～32頁の**表2**に示しました。また、生育に伴う主な作業についてはそれぞれの項目で詳しく述べることにして、ここでは生育ステージごとの傾向や主な作業などを概観します。

発芽・展葉期

春先、ブドウは枝の切り口から樹液がぽたぽたと浸み出てきます。これは、ブリーディング（溢泌《いっぴつ》）といって、地温の上昇により根が水分を吸収し幹や枝に送られるために起こります。その後、芽が膨らみ、気温が上がってくると発芽してきます。

ブドウの芽は葉と花穂をいっしょに含む混合芽です（**図8**）。発芽後、新梢（新しい枝）が伸び、それに伴って葉が次々と展開してきます。葉が3～4枚展開すると花穂が現れてきます。

なお、発芽から展葉7枚前後までは、前年に枝や幹、根に蓄えられた貯蔵養分によって生育しています。貯蔵養分が多い健全な樹では発芽のそろいもよく、生育も良好になります。

芽かき　この時期の管理には、初めに芽かきがあります。芽かきは、新梢の勢力をそろえるために、副芽（同じ芽から、新梢が2本以上、発生している場合の短いほうの新梢）や極端に強い新梢、弱い新梢を取り除きます。残した新梢には養分が集まり順調に生育します。

枝の切り口から樹液が浸み出る

図8　葉芽の内部構造

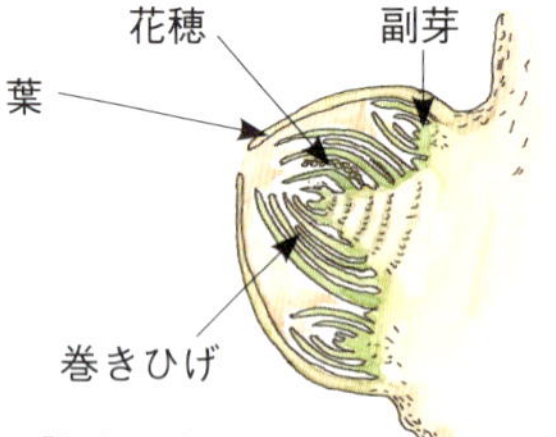

注：『新版 果樹栽培の基礎』
杉浦明編著（農文協）をもとに作成

展葉。いよいよ生育へのスタート

新梢伸長期

発芽後は新梢が伸び続けます。樹の栄養状態や前年の剪定の良し悪しが、枝の伸び具合に反映しますので、この時期の新梢を観察することで、好適な樹相かどうかが診断できます。細くて短い新梢や逆に強勢な新梢は、結実が不安定で果実品質もよくありません。

新梢誘引　ブドウはつる性なので、放っておくと絡まり合ったり、風で折れたりしてしまいます。

そこで、伸びた新梢を棚に重ならないようにバランスよく結束する誘引という作業が必要になります。新梢の勢力を抑えるとともに、日当たりを均一にします。誘引は、一気に結束するのではなく、何回かに分けて長い新梢から順次結束していきます。

開花・結実期

葉が12~13枚に展葉する頃に、開花が始まります。樹の栄養状態がよく、勢力が適度な新梢には花穂は二つ以上着生し、花数も多く、花穂全体が大きくなります。

新梢伸長期。葉が次々と展開する

花ぶるい

花ぶるいで蕾が落ちてしまう

開花期（シャインマスカット）。小花数が多く、花穂が大きい

花冠（キャップ）がとれて、1本の雌しべと5~7本の雄しべが現れ、開花となり、この時期に自身の花粉で受精し結実します。

花ぶるい　花ぶるいとは、開花、結実する前に蕾が落ちてしまう現象です。極端な乾燥、低温や降雨、樹の栄養不良、新梢の徒長などが原因で発生します。花穂を整形せずに自然状態にしておくと花ぶるいを助長しますので、花穂を切り込み、花数を制限します。

房づくり　房づくりとは、花ぶるいの防止や房型を整えるために花穂を切り込む作業です。作業の時期は花穂の花が1~2輪咲き始めた頃が適期です。房づくりの方法は品種や栽培型（種なし栽培か種あり栽培）によっても異なります。

ジベレリン処理　開花期前後の花穂をジベレリン水溶液に浸漬《しんせき》することで、種なしブドウをつくることができます。多くの栽培品種では満開期と満開2週間後の2回のジベレリン処理をおこなっています。

1回の満開期の処理は種をなくす

主な栽培管理

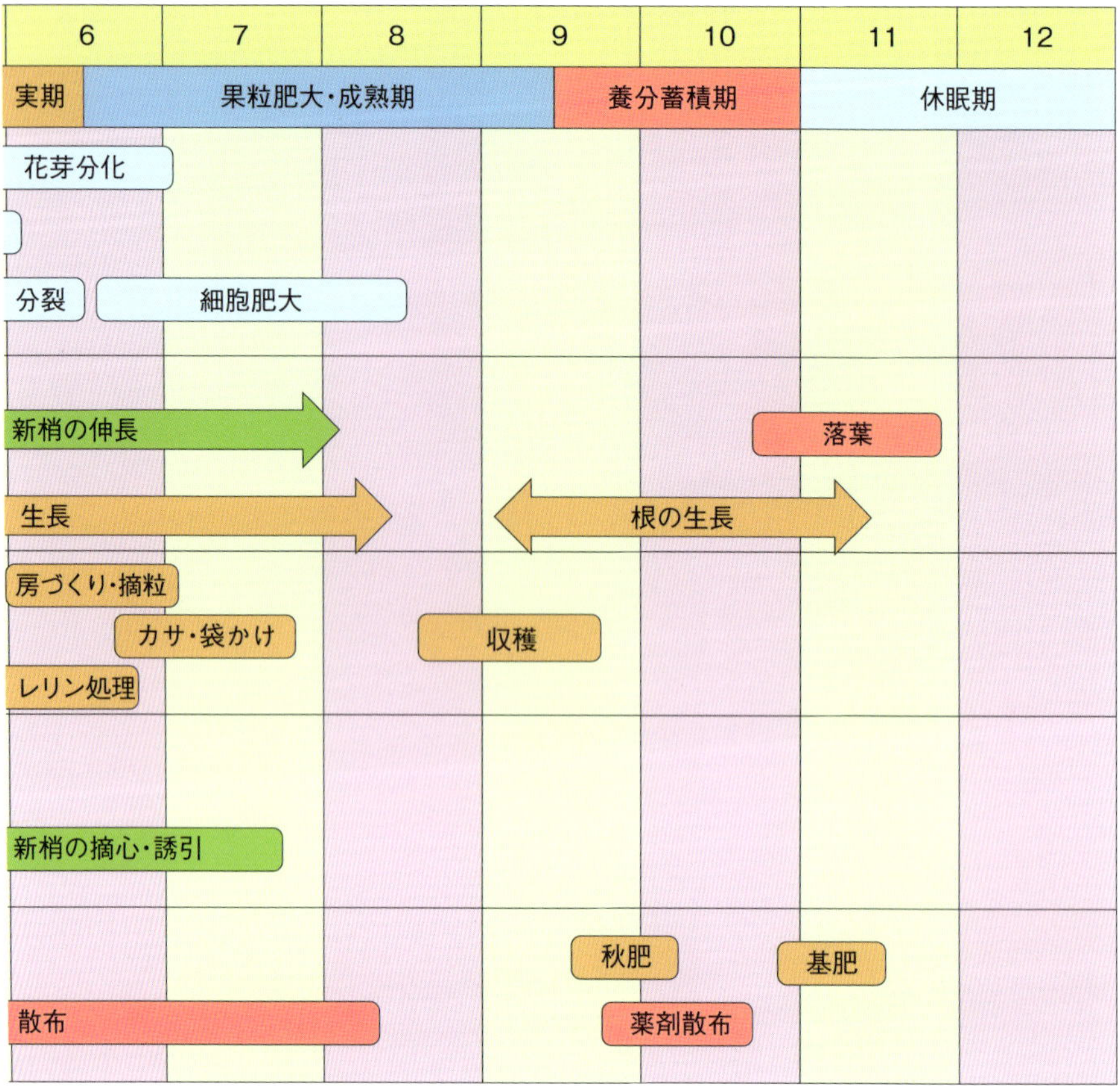

ためにおこないますが、そのままでは果粒は小さいままなので、肥大させるために2週間後の処理をおこないます。処理濃度は、ジベレリンに対する感受性の違いから品種により異なります。種あり栽培においても、果粒肥大促進の目的で満開10〜20日後に1回、処理をおこなう場合もあります。

ちなみに、ジベレリン水溶液は本来、無色透明です。ジベレリン処理をした花穂としなかった花穂を見分けるために、ブドウ農家ではジベレリン水溶液に食紅（赤い色素）を添加していますが、房数が多くない家庭園芸ではその必要はないでしょう。

果粒肥大期

開花期以降、ブドウの果粒の発育は二重S字曲線を示し、以下の3段階に分けられます（**表3**）。

●**果粒肥大第Ⅰ期**　果粒は開花期以降、30〜40日で急激に肥大します。特

表2　ブドウの生育と

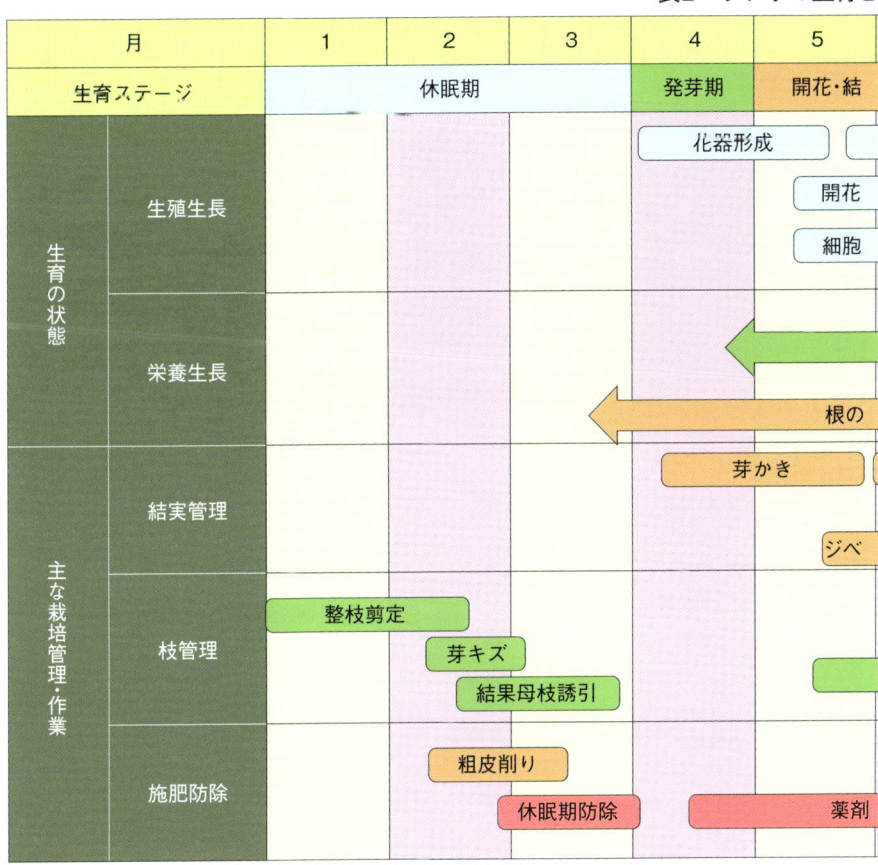

月		1	2	3	4	5
生育ステージ		休眠期			発芽期	開花・結
生育の状態	生殖生長				化器形成	開花 細胞
	栄養生長			根の		
主な栽培管理・作業	結実管理				芽かき	ジベ
	枝管理	整枝剪定	芽キズ 結果母枝誘引			
	施肥防除		粗皮削り	休眠期防除	薬剤	

に開花後2週間は細胞分裂が盛んにおこなわれ、最終的な果粒の細胞の数が決まります。

この時期に曇雨天が続くような年には、果粒肥大不足や裂果の発生が多くなる傾向にあります。ちなみに、小さい果粒が好まれる醸造用ブドウでは、この時期の灌水を制限して、人為的に果粒肥大を抑制させる栽培方法もあります。

●**果粒肥大第Ⅱ期**　第Ⅰ期の後の2週間程度、果粒の肥大が停滞する時期がありますが、この時期を果粒肥大第Ⅱ期と呼びます。第Ⅱ期は硬核期とも呼ばれ、種子が硬化して胚の生長が盛んな時期であり、果肉と種子の間に養分競合が生じ、果粒の肥大が停滞するとされています。

なお、ジベレリン処理により種なし化した果粒にも、期間は短くなりますが第Ⅱ期が認められますので、第Ⅱ期の果粒肥大の停滞は、種子との養分競

開花後30～40日は果粒が最も肥大する時期（果粒肥大第Ⅰ期）

表3　ブドウの果粒の生長曲線（模式図）

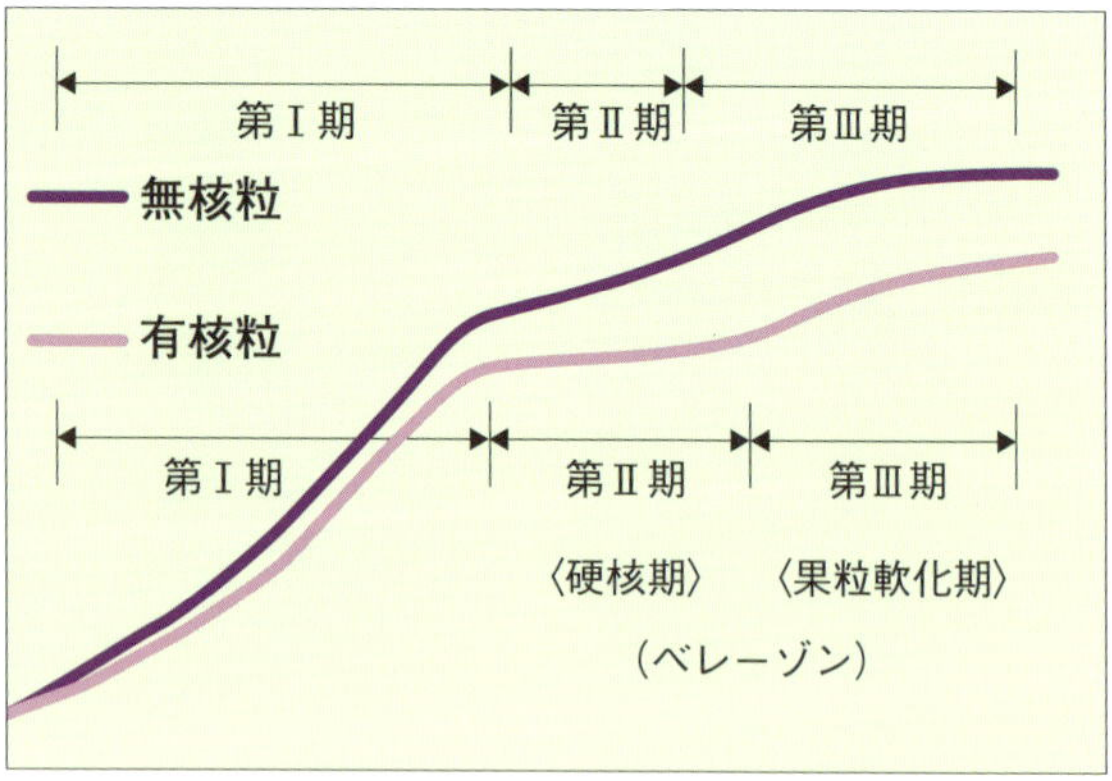

着色始め期の果房（果粒肥大第Ⅲ期）

合のためだけではないのかもしれません。

●果粒肥大第Ⅲ期　第Ⅱ期が終わると果粒が急速に軟化してきます。この第Ⅱ期と第Ⅲ期との境界の果粒軟化期はベレーゾンと呼ばれています。ベレーゾン以降の第Ⅲ期は糖の蓄積が進み、有機酸は減少し成熟していきます。また、着色品種では糖度の上昇に伴って果皮にアントシアニンを蓄積していきます。

着果量の調節・摘房・摘粒　ブドウの棚は平面であり、単位面積当たりの葉面積はほぼ決まっていますので、葉での光合成産物の量も決まっています。このため、品質の高い果実を生産するためには、単位面積当たりの着果量を調節する必要があります。

着果量の調整は摘房（房落とし）や摘粒（粒ぬき）によっておこないますが、結実確認後のなるべく早い時期におこなうのが効果的です。ちょうどよい着果量は房の大きさや作型により異なります。

果実成熟期

ベレーゾン以降、糖の蓄積が進み、有機酸は減少し、成熟期になると品種特有の香りを呈してきます。

収穫期の目安は、試験場などの専門機関では甘味比（巨峰群品種では糖度／酸含量の値が25を超えた時期が収穫始め期）で判断していますが、一般的には糖度と着色程度で決めています。

成熟期の低日照や着果過多、新梢の徒長などは、果実への養分転流を少なくし品質を低下させてしまうので、着果管理や新梢管理は重要となります。

なお、この時期には、新梢の伸びが止まっている状態が理想です。もしも新梢が伸び続けているような樹相では、来年に向けて施肥量や剪定量などを見直す必要があります。

収穫　先に述べたように、収穫期は糖度や果皮色、食味などから判断します。収穫の時間帯ですが、気温が高い日中は果粒の水分が蒸散してやや柔らかめになりますので、みずみずしい果実を得るためには朝のうちに収穫しましょう。

なお、果粉が落ちていると商品性が損なわれますので、ブドウ農家では果粉を落とさないように軸を持って収穫しています。

葉が枯れて落葉

養分蓄積・休眠期

収穫後も葉は光合成をおこなっており、枝や幹、根に養分を蓄えています。この貯蔵養分が多く蓄えられた樹は耐寒性が強くなり、来年の初期生育も良好になります。このため、収穫後も、早期落葉させず健全な葉を保つような管理が重要となります。健全な樹では気温の低下とともに葉は黄変し、一斉に落葉します。

防寒のため、ワラを巻く

気温低下とともに樹は休眠期に入りますが、この時期は自発休眠という状態になり、ある程度の低温に遭遇しないと加温しても発芽はしません。日本国内では低温遭遇時間は十分にとれるのですが、暖かい地域や加温ハウス栽培では、この低温遭遇時間が重要となります。

休眠期の管理　休眠期には元肥の施用や土壌改良、来年に向けての整枝剪定をおこないます。この時期は時間に比較的余裕がありますので、剪定などはじっくりと考えながらおこなうことができます。

また、生育期の病害虫の発生を抑えるため、棚についた巻きひげの除去や粗皮削りなどもおこないましょう。なお、寒い地域では、凍寒害防止のため樹幹へのワラ巻きなどの防寒対策もおこなっておきましょう。

ブドウの樹の一生と生長段階

一般に販売されているブドウの苗木は、母樹の枝を台木に接ぎ木して生産されていますので、種から発芽して育ってきたわけではありません。このため、幼生相や幼若相といった段階を経ることなく、植えつけ後1、2年で結実します。

一方、植物としてのブドウ樹は結実するまでには、いくつかのステージを経過していきます。ブドウ樹の一生、生活環を理解しておくことは、上手に栽培管理をおこなっていくうえで、役に立つことだと思われますので、以下に紹介します。

受精～幼生期

植物としてのブドウの樹の一生は、母樹の果粒の中の受精した1個の胚から始まります。受精した胚は硬核期を経て完成胚（種子）となります。種子は果粒の成熟とともに自発休眠に入ります。

自発休眠に入った種子は、ある一定の低温に遭遇すると休眠から覚醒し、その後は、適した条件がそろえば発芽してきます。まず、種子から根が伸び、その後地上部の子葉が展開し、さらに成葉が現れてきます。この発芽から成葉が現れるまでの時期を幼生期と呼んでいます。

幼木（1年生）

幼生期以降、しばらくは花芽を形成する能力を持たずに栄養生長のみをおこないます。その後、年を重ねて成木相になり、初めて花穂を持つようになります。

3年生の若木

幼木～若木期

成木相に達した後も、若い樹では生殖生長に比べて栄養生長が旺盛で、盛んに枝が伸び樹冠と根域を拡大します。葉で光合成《こうごうせい》により合成された炭水化物は生長のエネルギーとして利用され、また、若い根は旺盛に窒素を吸収し、樹の栄養生長を助けます。

この時期に伸びてくる枝は節間が長く、徒長的で、炭水化物の蓄積は少ない傾向にあります。苗木で購入した場合は、植えつけ後４～５年は盛んに枝が伸びます。

成木期（盛果期）

苗木を植えてから６～７年が経つと盛果期になります。若木のときに拡大した樹冠に、枝を多く発生させて葉数を増やします。

その結果、光合成による炭水化物の蓄積が増え、花芽の分化、発達や果実生長に適する状態になります。この果実生産の最も盛んな時期を盛果期と呼びます。

盛果期は栄養生長と生殖生長のバランスが最もよく保たれた状態であり、栽培樹では20年以上継続します。栽培農家では、いかにして盛果期を長く保ち、果実の生産力を最大限に発揮させるかが腕の見せ所となります。

盛果期を保つブドウ園

樹齢18年の成木

ブドウ園に残された老木

老木期

ブドウの生物的寿命は数百年にも及ぶとされていますが、栽培場面では盛果期を過ぎた樹は経済的に見れば老木ということになります。

老木になると、樹勢は著しく低下し、果実の品質や生産量も低下します。山梨県内には樹齢１００年を超える甲州種も存在していますが、一般的には、長くても数十年で植え替えられています。

ブドウは毎年、官民問わず数多くの品種が育成されています。栽培者も消費者ニーズに合った品種を選び更新していくので、歴史の古い産地といえども、現在の一般的なブドウ栽培園では老木を見つけることは難しくなっています。

苗木の種類と選び方

植える品種については、先に述べたように自宅の栽培環境に合った品種を選択することが何よりも肝要です。そして、品種が決まったら苗木の準備に入ります。

自根苗か接ぎ木苗か

ブドウは挿し木で簡単に増やすことができます。鉢やプランターで栽培する場合には、挿し木した苗（自根苗）で栽培してもかまいません。一方、庭植えの場合は、接ぎ木苗を用いるほうが安心です。接ぎ木苗には、以下のような利点があります。

ポット苗（接ぎ木苗）

ブドウにはフィロキセラ（ブドウネアブラムシ）という根に寄生する害虫がいますが、接ぎ木に使われる台木はこの害虫に抵抗性を有しています。このため、接ぎ木苗にフィロキセラが寄生することはありません。自根苗には寄生する危険性が高く、一度寄生してしまうと駆除は非常に困難になります。また、台木には多くの品種があり、自分が意図する台木を選ぶこともできます。

庭先で栽培する場合には、樹冠拡大が少ないグロワールや１０１－14といった矮性の台木を選ぶとよいでしょう。なお、石灰抵抗性の特性に関しては、日本では特に気にしなくてもいいでしょう。

ブドウ専門の苗木業者から購入する場合であれば、台木を指定することもできます。

出荷待ちのブドウのポット苗

よい苗木の求め方

苗木業者や園芸店で実際に見て、良い苗木を購入する場合、いくつかの注意点があります。

まず、地上部では節間が詰まっていて、あまり太くはない枝で、地下部では根の量が多く、細かい根がたくさんあるものを選びます。枝や根にコブやあばたのような痕跡がある苗は避けたほうがよいでしょう。

次に病害虫に侵されていない苗を選びます。先にも述べましたが、ウイルス病や細菌病にかかっている苗は外観からでは判断できません。苗木のタグ（証紙）に品種名とともにウイルスフリー（ＶＦ）と記してある苗であれば安心です。

なお、99頁に紹介した苗木業者などではウイルスフリー苗が主流となっています。これらの業者にカタログを請求すればすぐに送ってくれます。品種も豊富にそろっていますので、じっくりカタログを見て品種を検討し、通販などで注文するのもよいでしょう。

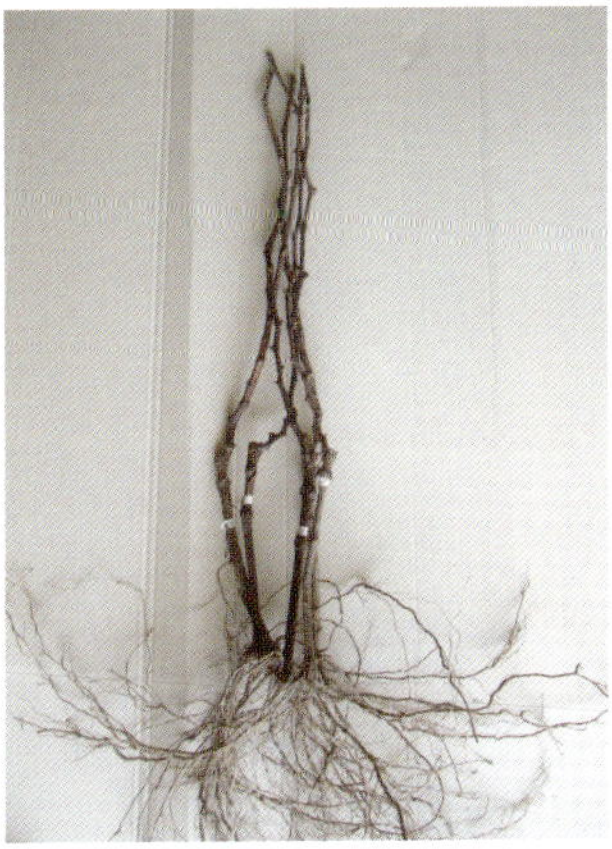
タグのついた裸苗５本

苗の植えつけ時期は秋植え（11月）、または春植え（３～４月）が適期です。遅くなると良質の苗木が入手できなくなることもあるので、苗木の注文は９～10月頃におこないます。

通常、素掘り苗木の送付時期は11月から翌年の５月頃まで、ポット苗は通年とのことです。

台木の養成

植えつけるときに苗木の根の先を切り詰め、長さをそろえます。

苗木を自作する場合のコツ

苗木は苗木業者から購入するのが一般的ですが、自分でつくることも可能です。ブドウは挿し木による繁殖が比較的容易にできます。

知り合いのブドウ農家がいれば、冬の剪定時に切り落とした枝（今シーズンに伸びた一年枝）をもらって、乾燥させないようにビニールなどで包み、冷蔵庫に保管しておきます。

春先、暖かくなった時期に冷蔵庫から出し、83頁の写真のように枝を切り、鉢やプランターに入れた土に挿し木すると容易に発根し芽が出てきます。定期的に水やりをおこない、伸びてきた新梢を支柱に誘引すれば立派に育っていきます。

植えつけ場所と植えつけ方

植えつけ時期

植えつけ時期は秋植えと春植えの場合があります。一般に、秋植えは根が早く土壌になじむため初期生育が良好になります。しかし、冬の寒さが厳しい地域では凍乾害の危険がありますので、西南暖地以外の地域では春植えのほうが安全です。

春植えは3～4月が適期です。苗木業者から秋に苗が届いてしまった場合には、春まで仮伏せをしておきます。仮伏せは深さ30㎝程度の長めの穴を掘り、苗木を斜め横に寝かせて、その上に土をかけておきます。寒さが厳しい地域では、さらにワラやコモをかけて寒さと乾燥から守るようにします。

穴を掘り、苗木を寝かせる

土をかけて仮伏せをする

植えつけ場所

ブドウはつる性で枝が自由に配置できるので、植えつけ場所は比較的自由に決められます。もっとも日陰や水はけの悪い場所に植えつけると、根腐れで枯れたり、生育した場合でも、かならずしも品質のよい果実は生産できません。

日当たりがよく、水はけがよい場所に植えるようにします。また、地上部と同じように根域も拡大するので、ある程度のスペースが必要です。建物の基礎際や壁際に植えるのは避けます。

庭への植えつけ方

植えつけ場所が決まったら、直径60㎝から1ｍ、深さ30㎝程度の穴を掘ります。このとき、穴の中央を盛り上げておきます。これは、接ぎ木部位より上部に土がかからないようにするためです（**図9**）。接ぎ木部が土の中に埋まってしまうと自根が発生し、台木のメリットが活かせなくなります。苗木の、根の先をハサミで切り詰め、長さをそろえ、放射状に並べます。

掘り上げた土に堆肥と顆粒状の苦土石灰を混ぜて植えつけます。**土に混ぜる堆肥と苦土石灰の割合は、堆肥1：土5：苦土石灰ひとつかみ程度が目安**です。植えつけ直後には水をたっぷりと与えます。水を与えると土が沈みますので、沈んだところには再び残りの土を入れます。苗木の地上部30～50㎝付近の充実した大きい芽の上で切り詰め、支柱を添えます。

庭先に苗木を植えつける

図9　庭への苗木の植えつけ

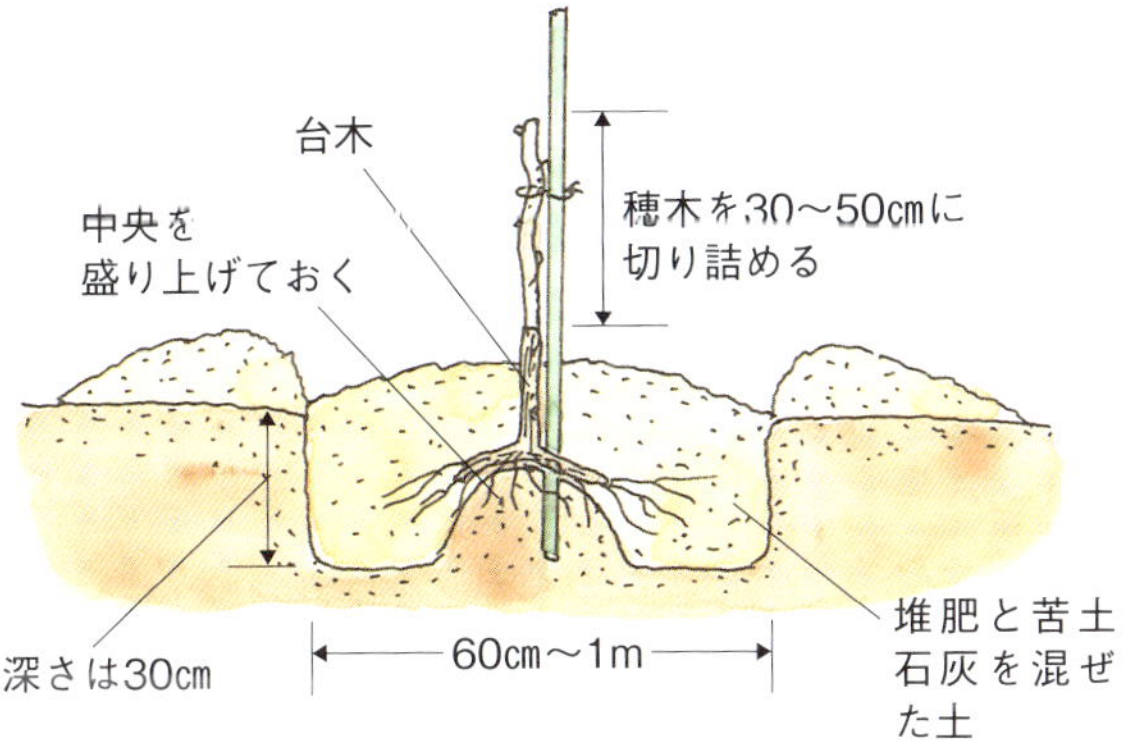

若木のときに旺盛に伸び過ぎると、枝の充実が悪くなり、将来、いい樹には育ちません。徒長を防ぐために、植えつけ1～3年は肥料を施す必要はありません。ただ、新梢の伸びが悪く葉色が薄いような状態が観察された場合は、尿素など窒素系の肥料を施します。

鉢植え後の苗木

図10　鉢への苗木の植えつけ

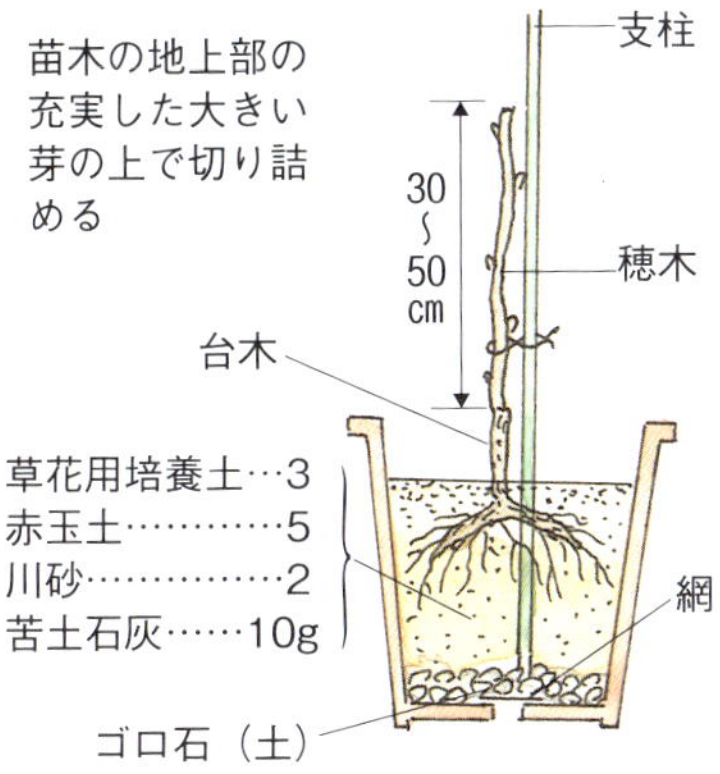

鉢への植えつけ方

鉢の大きさは10～11号（直径30～33cm）が適当です。プランターやコンテナなどは深めのものが適しています。

用土は赤玉土と市販の草花用培養土、川砂、苦土石灰を混ぜたものを準備します。**混合割合**は体積比で**赤玉土5、培養土3、川砂2、苦土石灰10g**とします。

鉢の底にネットを敷き、水はけをよくするようにゴロ石を敷き詰め、用土を鉢の半分程度入れ、庭植えと同様に中央を盛り上げます。苗木は根の先を10cm程度まで切り詰め、放射状に並べ上から用土をかけます。たっぷりと水を与え、庭植えと同様、苗木の地上部30～50cm付近の充実した大きい芽の上で切り詰め、支柱を添えます（**図10**）。

肥料は、緩効性の被覆尿素肥料（LP70）を10g程度ふりかけておきます。

水やりと肥料のポイント

水やりのポイント

ブドウは他の果樹に比べて乾燥には強く、庭植えの場合はあまり神経質になる必要はありません。しかし、乾燥が長く続く場合には、生育に合わせて水分の補給が必要となります。生育ステージ別のポイントを示します。

なお、鉢やコンテナ植えの場合は、生育ステージを問わず鉢土の表面が白く乾いたら、鉢底から水が流れ出るほどたっぷりと水を与えます。「表面が白く乾いたら、たっぷり水を与える」この繰り返しでいいと思います。

園地に水を与える

樹液流動期

春先、地温の上昇とともにブドウの樹は水を上げてきますが、この時期の水不足は発芽の不良や遅れの原因となり、その後の生育に悪影響を与えます。春先、乾燥が続くような場合は株元にたっぷりと水やりをおこなうようにします。

発芽期から開花期

発芽期以降、降雨が少ない場合は1週間に1回程度、株元にたっぷり水を与え、新梢の生育を促します。また、開花前に極端に乾燥すると、花ぶるいを起こしますので、地面を乾かさないように注意してください。

果粒肥大期（第Ⅰ期）

開花後約1か月間は、最も水を必要とする時期です。この時期の乾燥は将来的に果粒肥大に影響を与えます。この時期、日本では梅雨時期と重なります。水やりの必要はないのですが、降雨が少ない場合は5日に1回程度の水やりが必要です。

ベレーゾンから収穫期

梅雨明け後は、気温が上昇し、土壌表面や葉からの蒸散が盛んになり乾燥しやすくなります。乾燥状態が続き、根からの給水が間に合わなくなると、果粒から水分が奪われて萎びたり、葉の縁が焼けたりします。

一方、曇雨天で湿度の高い状態が続いた場合、一気に大量に水を与えると裂果を引き起こすことがあります。土壌を過度に乾かさないように、こまめな水やりを心がけてください。

収穫後の水やり

収穫後の水やりはあまり気にする必要はありませんが、乾燥が続く場合は10日に1回くらいの水やりは、礼肥の効果を高めるためにも必要です。

表4　肥料の施し方の目安

	樹齢	基肥		追肥	備考
		堆肥または腐葉土	化成肥料	化成肥料	
庭植え	1～2年	3～4kg	100～150g	—	化成肥料は3成分を等量に8～10％含むもの
	3～5年	5～8kg	400～500g	200～300g	
	6年以上	10～15kg	800～1000g	400～500g	
鉢植え	1～2年	玉肥4～5個		粉状の化成肥料を3～5g、毎月1回（5～7月）	玉肥は油かす、骨粉を含むもの7～8号鉢基準
	3年以上	玉肥6～7個		玉肥3～4個	

注：『よくわかる栽培12か月ブドウ』芦川孝三郎著（NHK出版）より

施肥のポイント

秋季に基肥を施用

ブドウが生育に必要な肥料成分は、窒素、リン酸、カリの3要素とカルシウム（石灰）、マグネシウム（苦土）です。これらの他にも、ホウ素やマンガンなどの微量要素も必要ですが、これらの微量要素は、ほとんどが土壌中に含まれていますので、庭栽培の場合はあえて施用する必要はありません。

ブドウでは、ふつう1年分の肥料を10～11月の基肥《もとごえ》で施用します。ただし、生育中に葉色が薄くなったり、葉に欠乏症の症状が出たりした場合は、応急的に尿素やマグネシウムが入った液肥を葉面散布することもあります。

施肥量の目安

施肥の量は、品種や土壌条件、樹の大きさによって異なりますので、一概に何キロとはいえませんが、当年に収穫した果実や伸びた枝、葉などに含まれる成分は圃場から持ち出したことになるので、雨などで流亡した分と併せて補う必要があります（**表4**）。

棚上にある程度の樹冠が展開している樹では、樹冠1坪当たり、窒素、リン酸、カリをそれぞれ成分量で30～40g、幹の周囲にまきます。市販の肥料では含有量を確かめて、成分量に相当する施肥量を求める必要があります。

例えば8－8－8と表示してある化成肥料は窒素が8％、リン酸が8％、カリが8％含まれているという意味なので、この化成肥料500gを幹の周りに施用すれば、成分量で窒素、リン酸、カリをそれぞれ40g施肥したことになります。

この3要素以外に石灰と苦土を施しますが、1坪当たり、市販の苦土石灰300gが目安となります。

鉢植えの場合の施肥

鉢植えの場合は、生育を見ながらの施用になります。灌水による流亡を考慮すると、10号の鉢ならば、毎月1回、化成肥料（8－8－8）を5g、苦土石灰は3g程度、鉢の上からまきます。葉色や枝の伸びを観察しながら、量は加減するようにします。

ブドウの仕立て方いろいろ

ブドウは世界じゅうで栽培されており、その土地の気候や果実の利用目的などによって仕立て方はいろいろです。

代表的な仕立て方は、垣根仕立て、棚仕立ての二つに分けられます。さらに、枝の配置によって、平行整枝や自然形整枝などの整枝方法に分けられ、さらに剪定の仕方によって、長梢剪定や短梢剪定などに分けられます。

垣根仕立て

欧米などで主流の垣根仕立て

垣根仕立てと棚仕立て

棚仕立てと垣根仕立ての特徴を**図11**に示しました。

垣根仕立ては、園の両端に杭を立て２～４本の針金を張り、これに新梢を誘引する方法で、フランスやイタリア、アメリカなど世界的なワイン産地では普通におこなわれている仕立て方です。これらの地域では、降水量は年間５００㎜程度と日本に比べはるかに少なく、土壌中の養分も少ないため、樹冠を広げなくても枝が徒長せずに糖

垣根仕立て。樹冠を広げずに糖度の高いブドウを生産

棚仕立て

樹勢をコントロールし、高品質の果実を生産

温暖で多湿な日本に適した棚仕立て

図11　棚仕立てと垣根仕立て

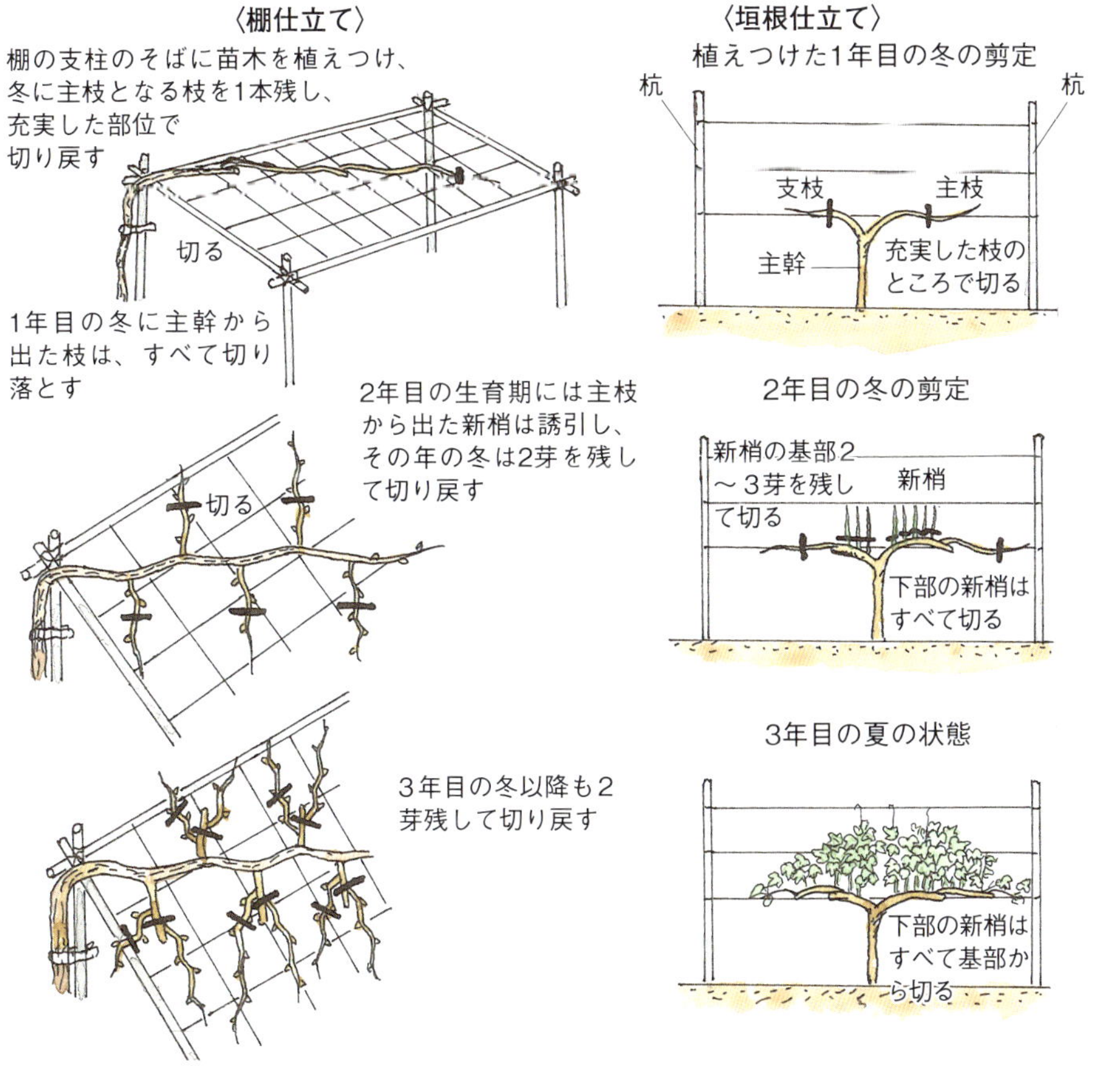
〈棚仕立て〉
棚の支柱のそばに苗木を植えつけ、冬に主枝となる枝を1本残し、充実した部位で切り戻す
切る
1年目の冬に主幹から出た枝は、すべて切り落とす
2年目の生育期には主枝から出た新梢は誘引し、その年の冬は2芽を残して切り戻す
切る
3年目の冬以降も2芽残して切り戻す
〈垣根仕立て〉
植えつけた1年目の冬の剪定
杭
杭
支枝
主枝
主幹
充実した枝のところで切る
2年目の冬の剪定
新梢の基部2～3芽を残して切る
新梢
下部の新梢はすべて切る
3年目の夏の状態
下部の新梢はすべて基部から切る

度の高いブドウが生産されています。

棚仕立ては、中国などでもおこなわれていますが、日本のように棚で土地全面を覆う方法は少ないようです。日本の棚仕立ては、日本独自のものといえます。明治初期、欧米からブドウが導入された当時に、温暖で多湿な日本に適する仕立て方、特に病害や裂果、徒長枝などを防ぐ仕立て方として先人たちが苦心して開発し、日本で発展したものです。

現在でも、収量や果実の品質、樹勢コントロールのしやすさの面から見て棚仕立てが最も適しており、多くのブドウ栽培者が取り入れています。

家庭栽培においても地植えができる場合は、棚仕立てで仕立てるとよいでしょう。カーポートやパーゴラに添わせたり、緑のカーテンのように枝葉で日陰をつくる仕立て方がありますが、基本的には垣根仕立てと棚仕立てを応用したものになります。

庭先栽培の棚仕立ての例

駐車スペースの上に棚を組む

塀ぎわに設置したブドウ棚

木材を組んだ本格的なブドウ棚

パイプ棚のブドウ（巨峰）が色づく

垣根仕立てと棚仕立ての基本的な注意点と代表的な整枝剪定方法については、後に「整枝剪定のポイント」の項で述べますので、ここでは庭先栽培に適していると考えられる仕立てを中心に紹介します。

一文字仕立て（棚）

自然形仕立てと比べると単純な仕立てで、短梢剪定です。棚面を上から見たときに主枝が一文字に配置されているので、一文字仕立てと呼ばれています。仕立て方が比較的簡単で、狭い庭にも適しています（**図12、13**）。

図12　一文字仕立て（棚）

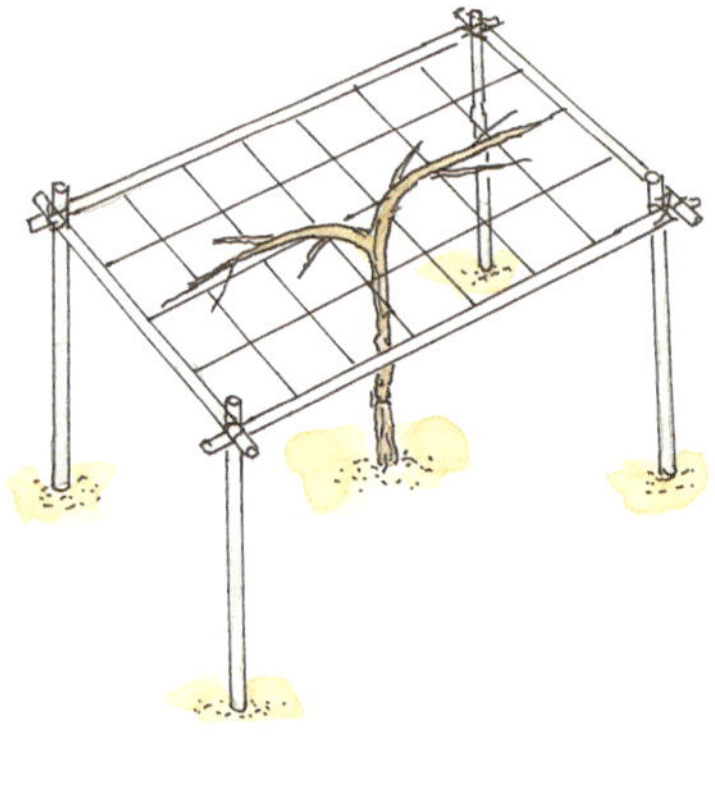

1年目

棚下に植えた苗は、生育のよい1本

図13　一文字仕立てのポイント

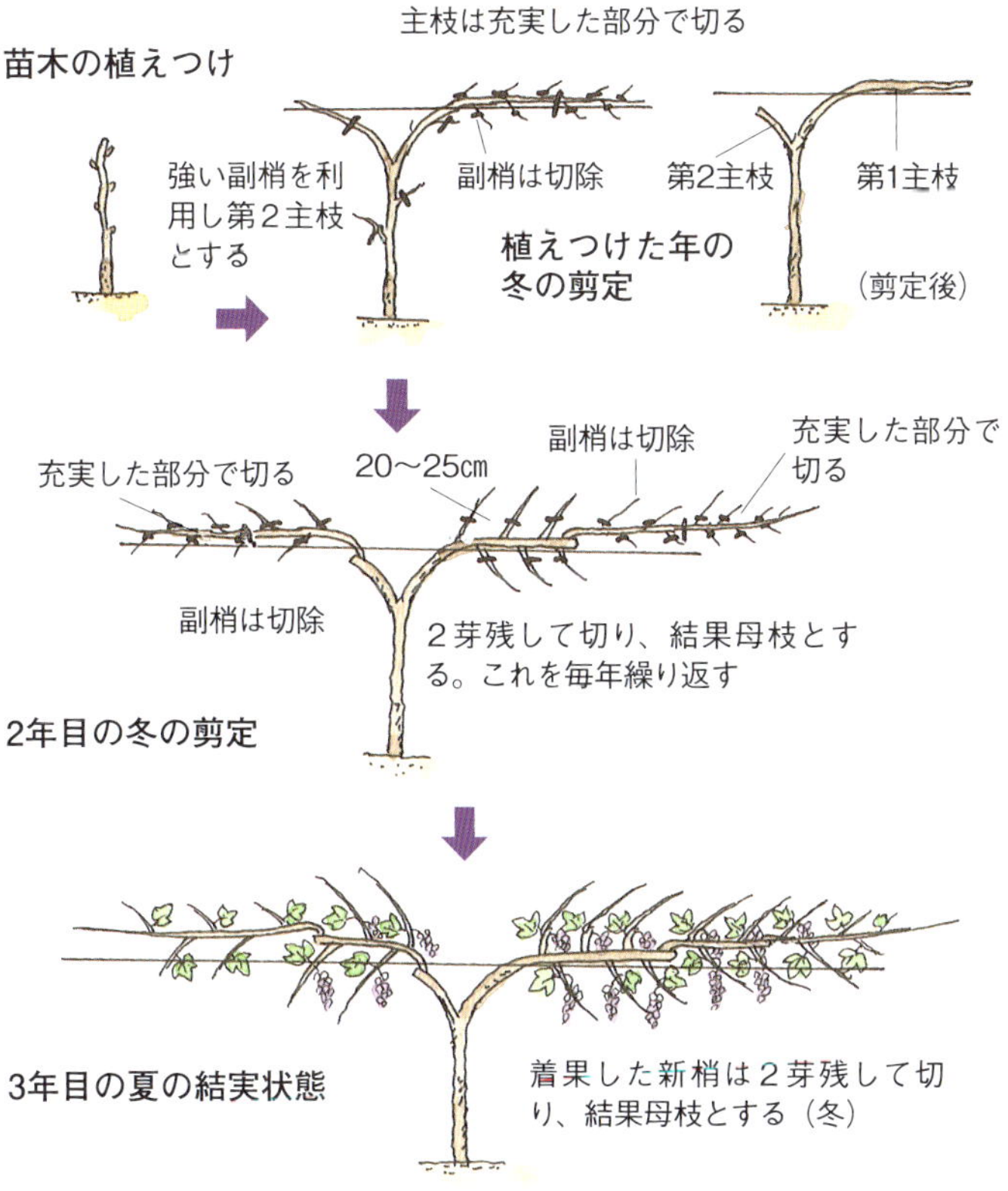
苗木の植えつけ
強い副梢を利用し第2主枝とする
主枝は充実した部分で切る
副梢は切除
第2主枝
第1主枝
植えつけた年の冬の剪定
（剪定後）
充実した部分で切る
20～25㎝
副梢は切除
充実した部分で切る
副梢は切除
2芽残して切り、結果母枝とする。これを毎年繰り返す
2年目の冬の剪定
3年目の夏の結実状態
着果した新梢は2芽残して切り、結果母枝とする（冬）

注：『よくわかる栽培12か月ブドウ』芦川孝三郎著（NHK出版）をもとに加工作成

を選んで棚面までまっすぐに誘引します。棚面に達したら緩やかに伸ばしたい方向に誘引し、第1主枝とします。副梢は樹を太らせるので、生育期間中はなるべく残しておきます。冬の剪定時には誘引した主枝の充実した部位で切ります。このとき、副梢はすべて基部から切除します。

1年目に棚面に達しない場合は、棚下50㎝以下の大きな芽の直上で切り戻し、翌年の新梢で主枝をつくります。

2年目以降

棚下30～50㎝の部位から発生した新梢でよく伸びているものを1本選び、第1主枝と反対側に誘引して第2主枝とします。

棚上の主枝から発生した新梢は先端はまっすぐに、それ以外の新梢は主枝と直角に誘引します。新梢には果房をつけることができますが、すべての新梢に果房をつけると樹勢を弱らせるので、強く伸びた新梢にのみつけるようにします。冬の剪定時には、先端の新梢は多くても10～15芽を残して切り、主枝延長枝とします。

それ以外の新梢は2芽残して切り、次年度の芽座とします。翌年、芽座から発生する新梢は一つの芽座で1本とし、冬の剪定時には前年同様に2芽残しての剪定をおこないます。以降はこの繰り返しとなります。

図14　自然形仕立ての姿

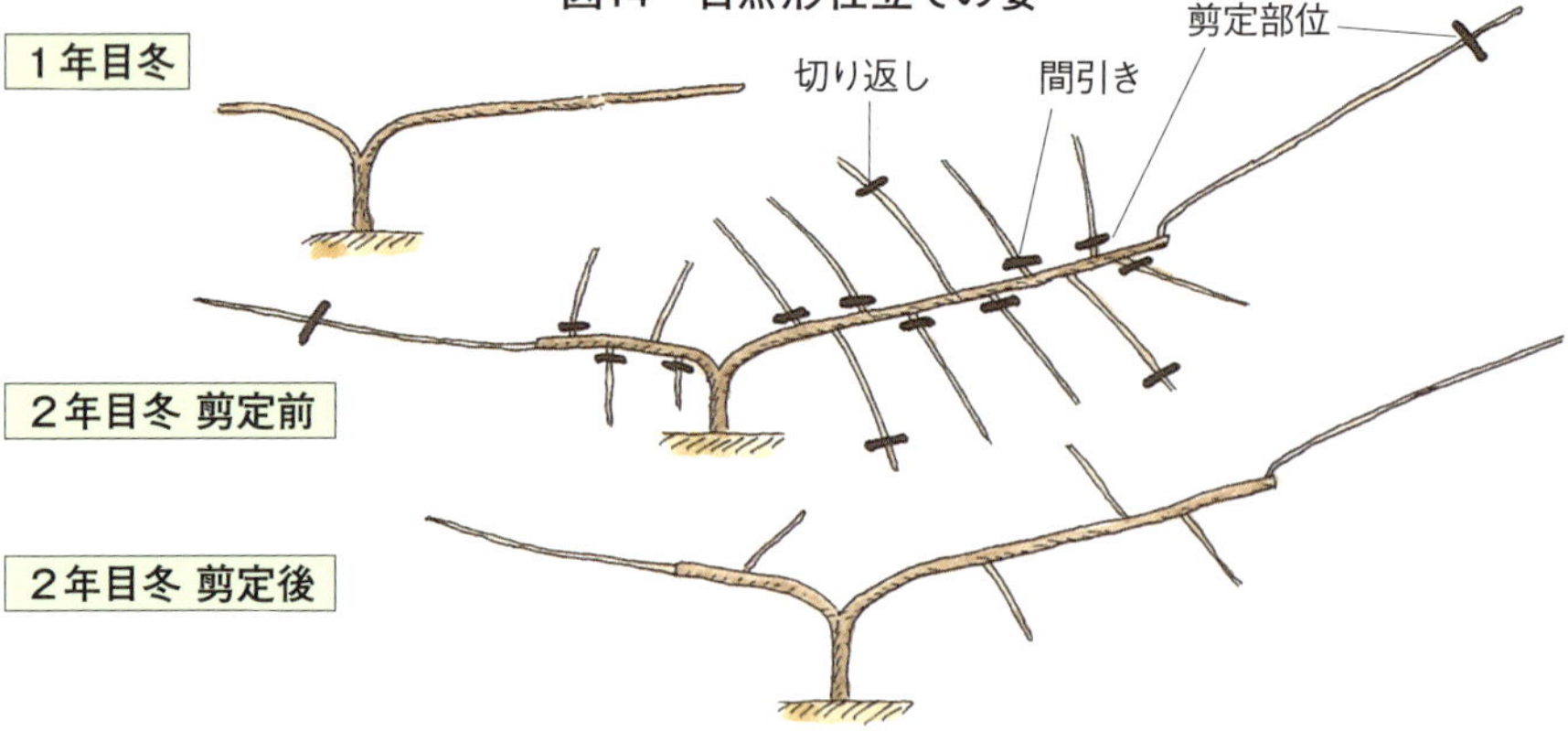

自然形仕立て（棚）

結果母枝を長めに残した長梢剪定で、樹の特性や樹勢に合わせて剪定量を加減できるので玄人好みの仕立て方といえます（**図14**）。

また、短梢剪定では果房が着生しにくい品種など、どんな品種にも適用できます。

自然形仕立て（長梢剪定）

1年目

1年目は一文字仕立てと全く同じように管理します。

2年目以降

第2主枝の取り方も一文字仕立てと同じです。また、第1主枝から発生した新梢も一文字仕立てと同様に、先端はまっすぐに、それ以外の新梢は主枝と直角に誘引します。

冬の剪定時には、先端の新梢は10芽程度を残して切り主枝延長枝とし、以下は図のように枝を交互に残して、間引き剪定します。残す枝の長さは樹勢に応じて調節します。

以降は図のように間引き剪定をおこないます。枝を多く残すと新梢も多く発生して棚が暗くなり、よい果房が得られませんので、1坪（3・3㎡）当たり、5～8芽の結果母枝を5～6本配置するようにします。

なお、これはあくまでも目安なので、品種や樹勢に応じて、残す枝数や切り詰めの長さも調整します。何芽、何本といった決まりはありませんが、枝が混み合わないように注意してください。

図15　あんどん仕立てのポイント

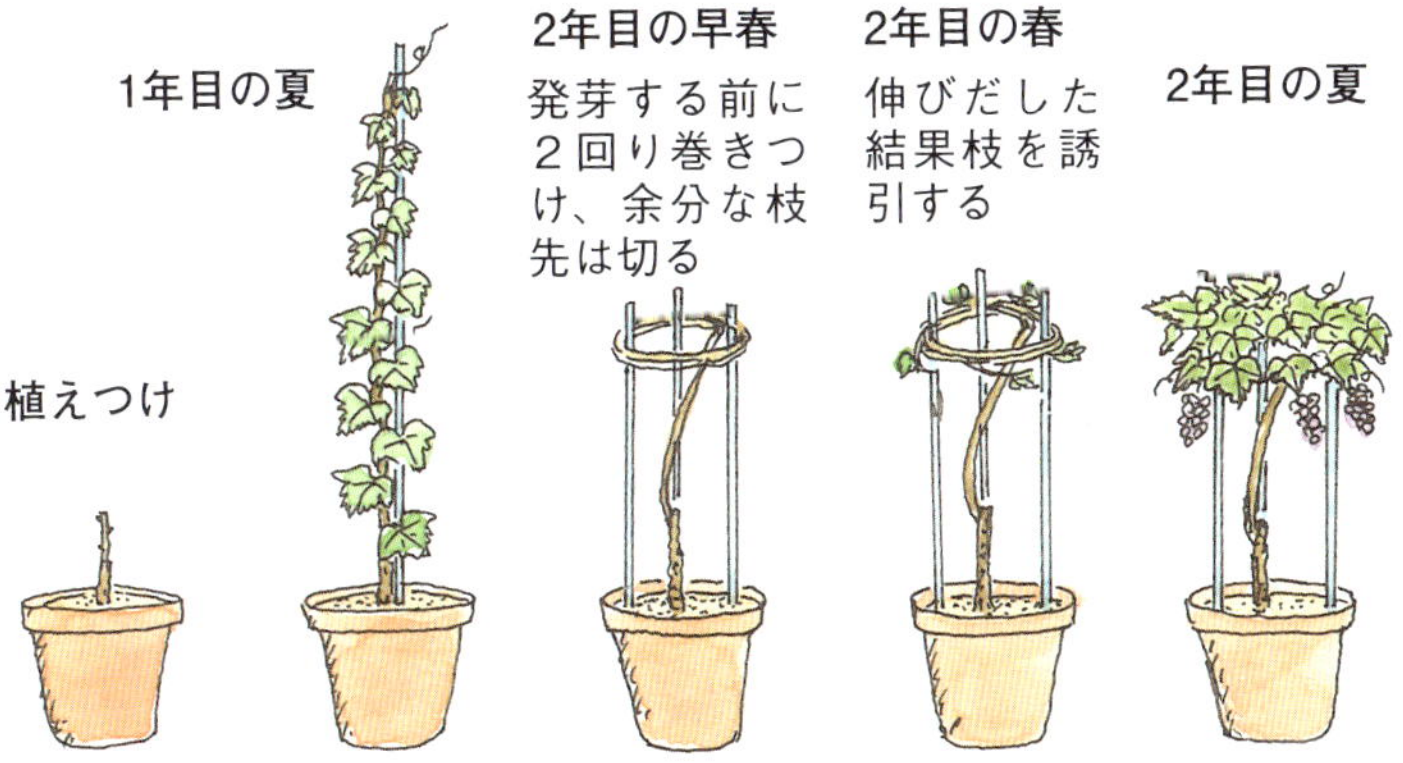
1年目の夏
2年目の早春
発芽する前に2回り巻きつけ、余分な枝先は切る
2年目の春
伸びだした結果枝を誘引する
2年目の夏
植えつけ

あんどん仕立て（鉢）

鉢植えにした苗木から発生した新梢の中でいちばん成長がよいものを、まっすぐに伸ばします。支柱は180cm程度のものを、まっすぐ立てて枝を誘引します。副梢が発生した場合は、葉を2～3枚残して切除します（**図15**）。

冬になり落葉したら、あんどんの形をした支柱に2回り程度巻きつけ、余分な枝先は切ります。あんどんの支柱は自作してもよいのですが、ホームセンターで市販されているので、これを使用すると便利です。

春になり、伸び出した新梢はよい結果枝を選びながら誘引していきますが、すべての新梢を誘引すると混雑するので、およそ半分の新梢はかき取ります。

果房はついたものを全部残すのではなく、1年目では1～3房程度とし、2年目からは1鉢当たりデラウェアなど小房では6房、巨峰など大房では3房程度に制限します。

冬の剪定は、今年伸びた登熟している新梢を、2芽を残して切除します。これを芽座として、そこから伸びた枝を誘引して、あんどん状に巻きつけて

バランスよく誘因して仕立てる

枝を支柱に巻きつける

支柱を深くさしこむ

5～6果房のあんどん仕立て

図16　フェンス仕立てのポイント

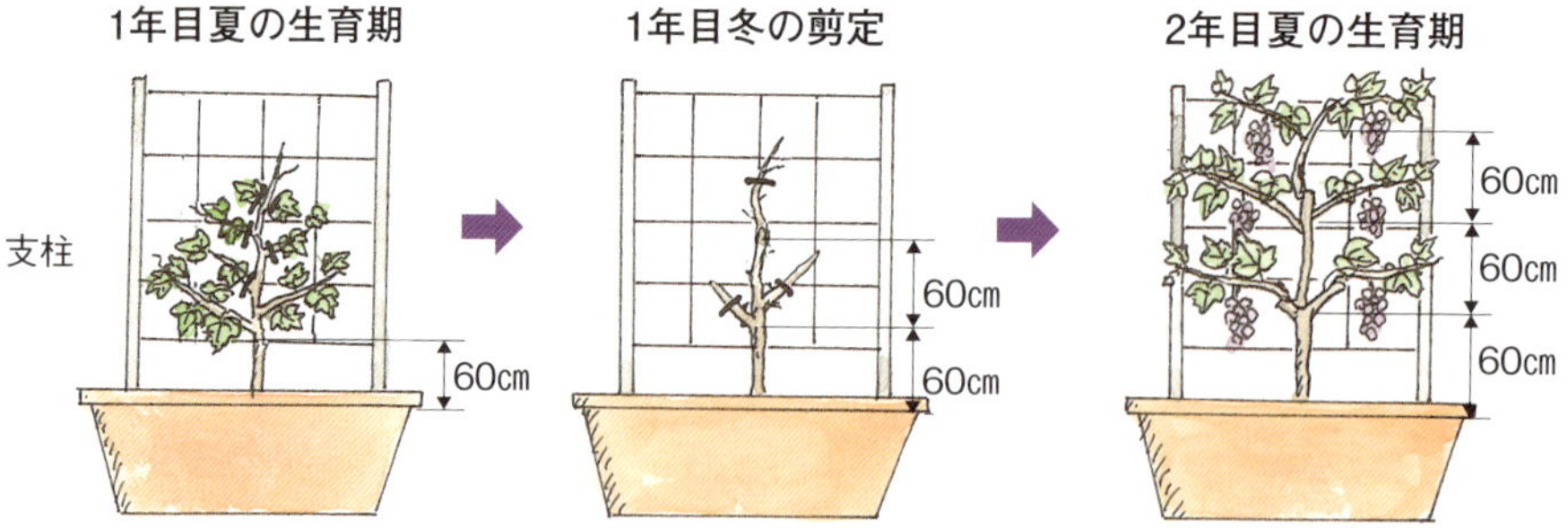

主幹（結果母枝）から伸びる新梢は、放射状に誘引する

放射状に伸びた結果母枝は間隔を空けて残し、1～2芽残して剪定し芽座とする

芽座から発生した新梢は1本にし、放射状に誘引する。以降はこれの繰り返し

いきます。以降もこれを繰り返します。

なお、長年楽しむためには、根詰まりを防ぐため、数年ごとに植え替えをし、鉢の土も更新するとよいでしょう。

その他の仕立て

棒仕立て（株仕立て）

先に海外での垣根仕立てについて述べましたが、棒仕立てとは、杭や針金などの支えを設置せずに、立木のように独立して植える仕立て方です。スペインなど降水量が極めて少ない乾燥地帯ではこの仕立てが広くおこなわれています。肥沃で降水量の多い日本では、新梢が長く伸びて地面をはってしまうので、かならずしも現実的な仕立てではありません。

フェンス仕立て

フェンス仕立てという呼び方は一般的ではありませんが、家庭園芸では特別なトレリス（格子状の枠組み）などを設置しないで、庭にある既存のフェンスに枝をはわせることを実行している方も多いと思います。

フェンス用に仕立てるには景観や作業性を考えると、垣根仕立てのコルドン（短梢）が向いています。フェンス下部に枝を左右に配置し、短梢剪定します。芽座からは毎年新梢が発生しますが、上部に向けて誘引します。

こまめに手入れができる方には、パルメットに仕立てて、新梢を水平または放射状に誘引してもおもしろいかもしれません（**図16**）。

ベランダのフェンスに枝をはわせる

窓辺にパイプを組み、ネットを張って枝をはわせる

棚づくりの材料と手順

経済栽培されているブドウの場合は、アンカーを地面に打ち込み4隅に太い柱を設置した丈夫な棚で栽培されています。ブドウ農家でも、このブドウ棚を自力でつくることができる人は少なく、ほとんどは専門職人に任せています。

比較的狭い庭先の栽培においては、難しいアンカー棚よりも簡易につくることができるブドウ棚が現実的かと思います。

パイプ棚づくりの一例

外枠

建設現場の足場などで使用されている直径48㎜の鋼管と直交クランプを使ってつくります（**図17**）。ここでは扱いやすさを考え、48㎜鋼管の長さは2・5mとします。この2・5mの鋼管で4隅の柱や棚の外回りをつくります。

柱は40～50㎝程度を地面に埋めますが、柱が沈下しないように先端部にはステー（強度補強の部材）を取りつけて埋めます。また、面に埋まる部分には、防サビ塗料を塗っておくとよいでしょう。水平器で確認しながら地面と垂直に立てます。柱の上端切り口には専用キャップを被せて雨水の侵入を防ぎます。

なお、埋め込まずにコンクリートの土台に設置する方法もあります。この場合、鋼管の長さは1・8m程度で十分です。

間口（柱の中心と柱の中心の間隔）は、2・25mとします。なお、2・25m四方にすると棚の面積は約5㎡になります。一つのグリッドを

図17　パイプ棚の組み立て例

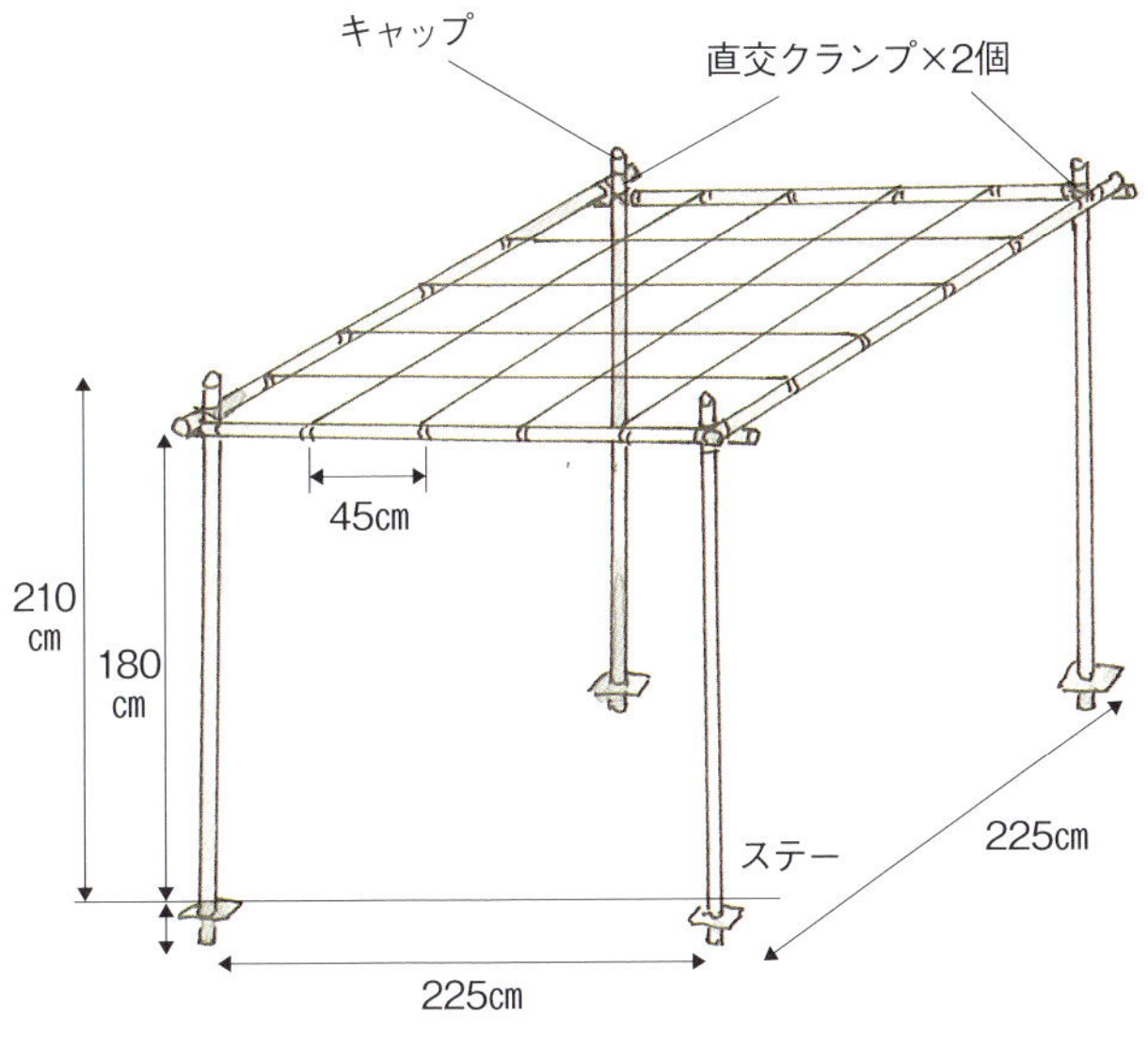

注：①棚の面積は5㎡。45㎝間隔で小張り線を張り、固定する
②柱を埋め込まずにコンクリートの土台に設置する方法もある

組み立て用のクランプなど

単管（ホームセンター）

パイプで組んだ棚

甲州式の平棚（上）と平棚の生育期

5㎡に決めておくと、小張り線も等間隔で張りやすく、また、着果量や枝数の目安が立てやすくなり便利です

棚面の高さは、地面から1・8mが標準的な高さです。自作棚の場合、作業する人の身長に合わせて、高さが自由に変えられるので、管理作業がしやすい高さにします。顔の前にブドウの房があると摘粒や袋かけなどの作業が効率的にできます。身長＋10cmの高さにするとよいでしょう。

高さが決まったら、48㎜鋼管の中心が棚の高さになるように直交クランプで取りつけます。直交クランプの取りつけにはラチェットレンチを使うと便利です。2・4mの鋼管を四方に設置したら外枠の完成です。

ここでは、間口を2・25m四方にした一つのグリッドをつくりましたが、鋼管をつなぐジョイントを使って連結することもできます。

小張り線

外枠が完成したら、棚に小張り線を張ります。軟鉄線はすぐにサビてしまうので、亜鉛メッキかステンレス、被覆線などを使うとよいでしょう。太いほうが耐久性がありますが、取り扱いにくくなりますので、10番（直径3・2㎜）ぐらいが適当です。

線と線の間隔は45cm。鋼管に巻きつけるか電気ドリルで穴を空けて線を固定し、弛まないようにしっかりと張ります。小さなターンバックル（張力を調節する装置）があると緩まずに張ることができます。

他の棚と材料いろいろ

この他にも、「イレクター」など組み立てやすい便利な被覆パイプも市販されています。また、丸竹や木材を使ったオリジナルな棚も自然な風合いで素敵です。

ちなみにブドウの本場として知られる山梨県甲州市勝沼町などでは、かつ

ブドウ棚のバリエーション

ひさし部分に設置したパーゴラ

駅前広場のパーゴラ(山梨市駅)

フェンスを生かしたブドウ栽培

公共施設に設置した木製ブドウ棚

アーチ状のブドウ棚

門から玄関へのアプローチに棚を設置

主庭にパイプ棚を組む

庭先にミニ棚を設置

ては杭を四隅に打ち込み、丸竹を縦横に組み合わせたりして棚を組むのが主流でした。先人の取り組みを後世に伝えていくため、未来を紡ぐ勝沼協議会が中心になり、参加者を募って木竹製ブドウ棚づくりの体験イベントを開催しました。丸竹や間伐材など材料の調達から組み立てまで、かなりのご苦労があったとのことです。

棚づくりに特別の決まりはありませんので、古いものを生かすもよし、独創性を発揮するもよしです。スペースや日当たりの良し悪しなどを考慮したうえで、自由な発想で棚づくりにチャレンジしてみてください。

芽かきの時期と方法

春になり気温の上昇とともにブドウは芽が膨らみ、葉が展開してきます。花穂も現れて新梢はどんどん伸びていきます。

芽かきの目的

このとき、発芽した新梢をすべて残しておくと、新梢が混み合って受光体勢が悪くなったり、栄養が分散してよい果実が得られなくなります。このため、弱い新梢や強過ぎる新梢をかき取り、新梢の勢いをそろえる「芽かき」という作業をおこないます。

ちなみに、ブドウは展葉7枚前後までは、前年の貯蔵養分で生育しているので、早い時期の芽かきは、養分の浪費を防ぎ生育を促進させる効果があります。逆に、芽かきを一挙におこなうと残った新梢が徒長し、結実が少なくなることがあるので、新梢の勢いを見ながら、2～3回に分けておこなうようにします。

1回目の芽かき

1回目の芽かきは展葉2～3枚の頃に新梢の初期生育を促すために、不定《ふてい》芽《が》（潜芽《せんが》）や副芽《ふくが》、基芽《もとめ》をかき取ります。

不定芽とは、結果母枝の芽以外の部分から発生する芽のことで、枝を間引いた基部や旧年枝の節部から発生します。不定芽を残しておくと、非常に強く伸び、樹形を乱しますので、早めにかき取るようにします。

また、一つの節から複数の新梢が発生した場合、最初に伸長した芽（主芽）に対し、遅れて発生する芽を副芽と呼びますが、副芽を残すと主芽の生育を妨げるので、なるべく早めにかき取ります。

さらに、結果母枝の基部から発生する2～3芽は残しておくと、受光体勢

1回目の芽かき（副芽かき）

副芽かき前の状態（上）。副芽かきを終了

基本の芽かき

芽かき前の状態(上)。芽かき作業を終了

図18　芽かきのポイント

1回目の芽かき

2〜3枚に展葉したら主芽だけ残し、副芽はかき取る

左が副芽

2回目の芽かき

二芽残して一芽かく。基芽はかく

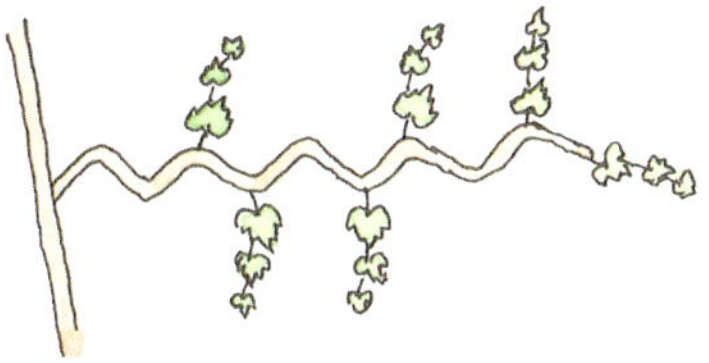

や作業性に影響するので、早めにかき取るようにします。

2回目以降

2回目は展葉6〜8枚の時期に、花穂を持たない新梢や、極端に強い新梢や弱い新梢を中心に整理し、新梢の勢いをそろえるようにします。

さらに、必要に応じて、開花直前から結実後に、棚面の混み具合を見ながら邪魔になる新梢をかき取ります。

ブドウ栽培農家では、デラウェアのような節間が短い品種の場合、**図18**のように、先端の二つの芽を残して次を除き、また二つ残して次を除く方法でおこなっていますが、庭先栽培の場合もこの方法に準じればよいでしょう。

新梢誘引・摘心のコツ

新梢誘引のコツ

伸びた新梢をそのままにしておくと、風で折れたり棚に巻きついたりしてジャングル状態になってしまいます。そうなる前に棚面へバランスよく新梢を結びつける作業を誘引といいます。

誘引は、新梢を均一に棚面に配置することで葉の受光体勢を良好にし、高品質のブドウを生産するための必須作業です。また、新梢勢力の調整や樹形の確立のためにも重要な作業です。

新梢が50cm程度に伸びた頃から、棚面の張り線に結びつけます。このとき、無理に結びつけると折れてしまうので、誘引が可能な長い新梢から、何回かに分けておこないます。

結びつける部位は、新梢先端の柔らかい部分ではなく、ある程度硬くなった部位とし、ゆるめに結びつけるようにします。一度誘引した新梢も、その後も伸び続けるので30cm間隔くらいで再び誘引します。

なお、50cm以下で伸びが止まる短い新梢は、無理に誘引せずそのまま立たせておきます。

誘引の方向は、新梢同士が重ならないように、一般的には、結果母枝先端の伸ばしたい枝はまっすぐに、伸びを抑えたい枝は結果母枝に対して直角方向に誘引します。

誘引資材はヒモや銅線などなんでもよいのですが、ホームセンターなどで市販されている専用のバインドタイや誘引テープなどが便利です。

誘引器（テープナー、写真上）とバインドタイ（結束バンド）

新梢誘引

テープナーでとめる作業（上）ととめた後の状態

誘引の例（デラウェア）

図19　新梢の摘心

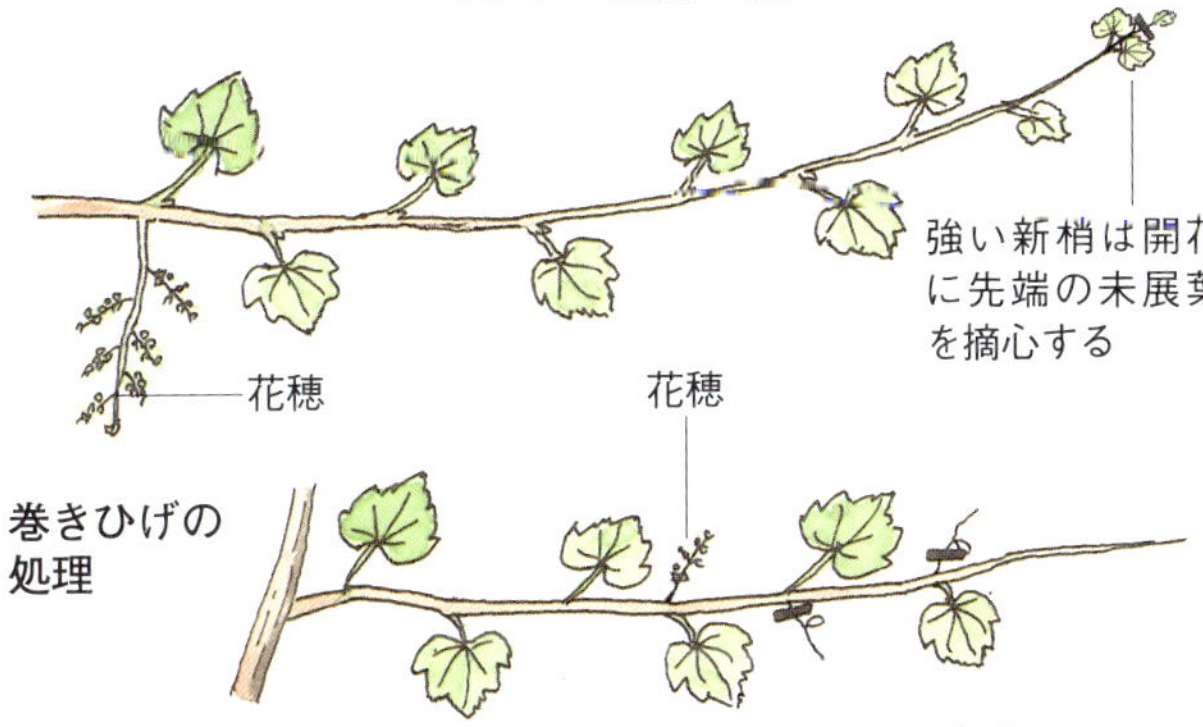
強い新梢は開花直前に先端の未展葉部分を摘心する
ハサミで巻きひげを切る

摘心のポイント

ブドウ農家では、開花の直前に、伸びている新梢の先端を軽く切除する「摘心」と呼ばれる管理作業をおこなっています（**図19**）。

摘心をおこなうと、新梢先端の伸びに使われる養分が一時的に花穂に転流するので、果粒のつきが多くなり果粒も肥大します。

摘心方法ですが、すべての新梢に対して摘心処理をおこなうのではなく、強く伸びている新梢に対してのみおこないます。

具体的には、開花の直前に80㎝以上伸びている新梢に対して先端の未展葉部分を切除します。80㎝より短い新梢には摘心する必要はありません。特に種なし栽培では、高品質な果実を得るための重要な作業ですので必ずおこなうようにします。

種あり栽培では、開花始めの新梢長が50～60㎝になるような樹相が理想です。この樹相に導くように剪定や施肥で調節しますが、もし、これより長

摘心

摘心前の状態（上）、摘心、摘心後

副梢を切除する

巻きひげも必要に応じて切除する

く伸びるような場合は、先端を軽く摘心します。

副梢の取り扱い

適度な樹勢の新梢からは、副梢（孫芽あるいは二番枝などと呼ばれています）が発生してきます。副梢の伸びが弱く数枚展葉したところで伸長を停止するような場合は、そのまま放任しておいて葉面積を稼ぎます。特に果房周辺の弱い副梢の葉は、光合成を活発におこなって果房の発育や樹体の養分の蓄えに大いに貢献する有益な葉なので、むやみに切除しないよう気をつけます。

二番なりの果房（巨峰）

一方、副梢が長く伸びて棚面を暗くするような場合は、副梢の葉を2～3枚残してその先を切除します。しばらくしてまた発生してくるようでしたら、再び基部の葉を1枚残して切除します。なお、着色が始まってからも副梢が発生してくるようでしたら、窒素肥料の施し過ぎか、冬の剪定の切りすぎですので、秋冬の施肥や剪定作業時に覚えておいて改善するようにしましょう。

ちなみに副梢にも花穂がつき、房になりますが、（二番なりなどと呼ばれています）、成熟期間が短いためにおいしいブドウには育ちません。また、副梢についた花穂には病気が発生しやすく、本梢の果実との養分競合も起こしますので、副梢についた花穂は切除してください。

房づくり作業のポイント

房づくり作業の重要性

自然状態のブドウの花穂には、400～500粒の蕾がつきます。しかし、何も手を加えないでいると、多くの蕾は結実せず開花期前後に落下してしまいます。このような現象は、蕾が篩《ふるい》からポロポロと落ちる状態に似ていることから、「花ぶるい」呼ばれています。

花ぶるい（シャインマスカット）

花ぶるいは、特に生食用の大粒品種ではしばしば起こる現象ですが、花ぶるいが激しく起こると、最終的には数粒程度の果粒が残るだけで、みすぼらしい房になってしまいます。

花ぶるいは、蕾同士や新梢伸長との養分競合が主な原因ですので、このような状態を引き起こさないような管理をおこなう必要があります。

新梢との養分競合の回避については、先に記述したように摘心をおこないます。蕾同士の養分競合を回避するためには、ほとんどの品種で、程度の差こそあれ、房づくり作業をおこないます。

大粒品種の房づくり方法

房づくりの方法は、品種や利用形態によって異なります。ここでは、ブドウ農家でおこなわれている一般的な方法を紹介します。

巨峰やピオーネなど巨峰の仲間は「巨峰群品種」、あるいは「巨峰系4倍体品種」と呼ばれており、果粒の重さは10g以上になります。これらの品種

巨峰群品種の房づくり

巨峰の花穂（上）。下部を残し、支梗を落とす（種なし）

房づくり・摘粒後の果房（シャインマスカット）

①房づくりの前（左）と後　②摘粒の前（左）と後　③果房の仕上がり

房づくりの例

①房づくり前の状態　②房づくりを終了

は現在では、消費者ニーズから種なし栽培が主流となっています。

種なし栽培の場合は、開花の直前から開花始めの時期に、花穂の下部3～4㎝を残して、それ以外の支梗は切り落とします。「こんなに小さくして大丈夫なの？」と心配されるかもしれませんが、たった3㎝しか残さなくても、ジベレリン処理をおこなうと500～600gの立派な果房に仕上がります。

種あり栽培の場合は種なし栽培と異なり、支梗を上から切り下げ、花穂の下部を少し切り詰めて7㎝程度の長さに房をつくります。種なし栽培の場合はジベレリン処理により穂軸が伸びるため、3㎝で十分ですが、ジベレリン処理をおこなわない種あり栽培では穂軸があまり伸びないので7㎝と長めにつくります（**図20**）。

シャインマスカットやロザリオビアンコなどの2倍体の大粒種も、「巨峰

図20　房づくりの目安

巨峰・ピオーネ・藤稔・シャインマスカットの例

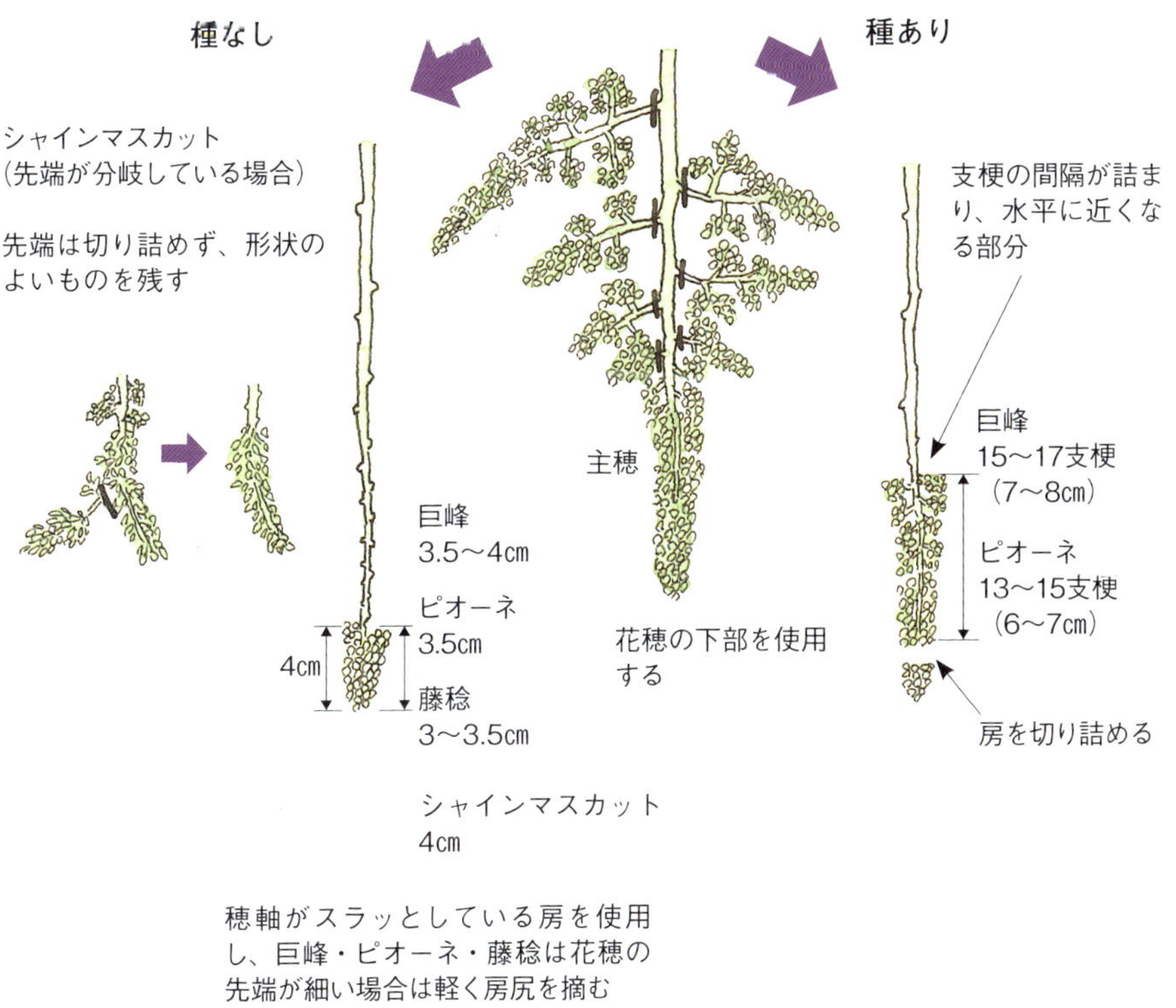

注：『房づくり・収量調節基準』（JA、JA全農やまなし）をもとに作成

群品種」と同様の方法で房づくりをおこなうとよいでしょう。

他の品種の房づくり方法

デラウェアやサニールージュなど小さな粒の品種は、上の支梗を2～5段切り下げます。花穂下部の切り詰めはおこないません。

　ネオマスカットやマスカット・ベーリーA、甲斐路などでは基本的にジベレリン処理はおこないません。上の支梗を5段程度切り下げ、花穂下部を切り詰めて10㎝程度の大きさにつくります。

　醸造用の品種では、房づくりはおこなわないか、副穂《ふくすい》または最上部の一つの支梗を切り落とすのみの房づくりをおこないます。

ジベレリン処理の効果と方法

ジベレリン使用の効果

現在、スーパーや青果店に並んでいるブドウのほとんどは種なし化されています。自然のままで種なしになったわけではなく、ジベレリンという植物ホルモンを処理することで種なしブドウになります。

ジベレリン処理の作業

庭先栽培でも有効

ブドウでは種なしが当たり前になっている現在、ブドウの生産現場では、ジベレリンは栽培上、必要不可欠な資材となっています。庭先栽培においても、種なしブドウが意外に簡単に生産できるので、チャレンジしてみてはいかがでしょうか。

ジベレリンのブドウに対する効果としては、種なし化、着粒安定、果粒肥大促進などがあります。ただし、ジベレリンに対する反応性は品種によって異なることから、品種群ごとに使用方法が定められています。

安全な植物ホルモン

なお、ホルモン剤と聞くと心配されるかもしれませんが、ジベレリンは植物ホルモンであり、私たち人間がつくる動物ホルモンとは全くの別物で、米や野菜、果物などすべての植物に含まれています。

ジベレリン水溶液に花穂を浸漬

種ありのブドウでも、種自体がジベレリンを含む植物ホルモンを生成し、その働きで果粒を肥大させていますので、「種なし」、「種あり」どちらもジベレリンの作用を受けています。

ジベレリンは50年以上、ブドウを含む果物や野菜、花など様々な植物で利用されており、これまで人間の健康に影響を与えたという報告はありません。安心して使用していいと思います。

次頁に、品種群ごとの使用方法を記します（**表5**）。薬剤にも説明書が添付されているので、よく読んでから使用するようにしてください。

図21　デラウェアのジベレリン処理の例

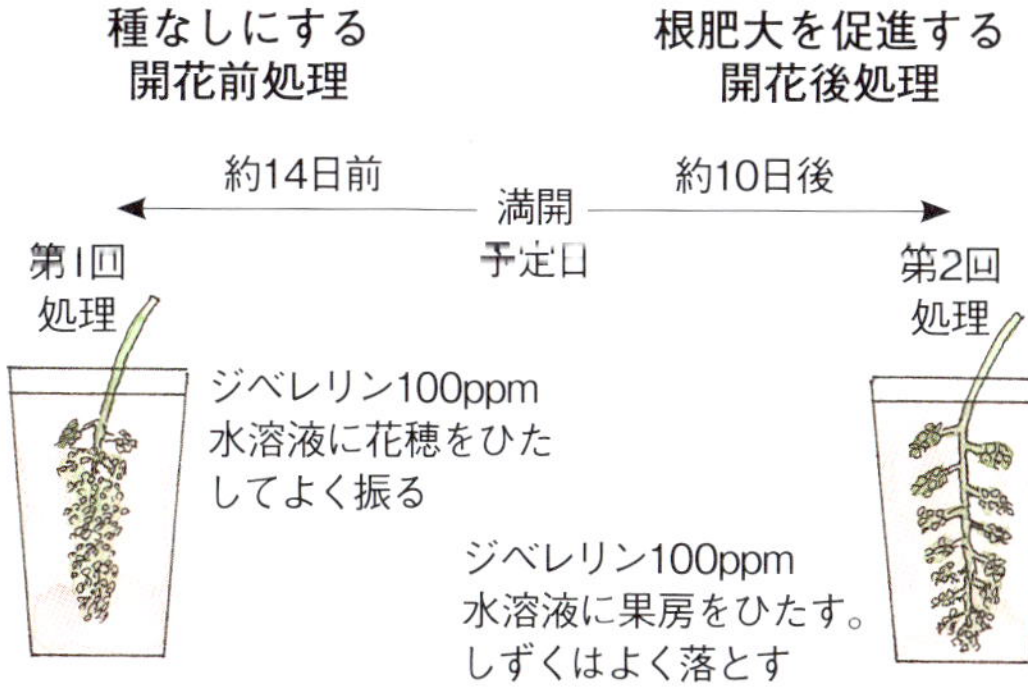

注：処理した房の満開日は、ふつうより3～4日早くなる

ジベレリンの使用方法

巨峰系4倍体品種

前項に房づくり方法を示したように、房づくりをおこなって花穂の長さを3～4㎝にします。

この花穂が満開になったときに、ジベレリン25ｐｐｍの水溶液に浸漬します。この処理で種をなくすことができます。水溶液の希釈方法は説明書にわかりやすく解説してあるので心配はいりません（例えば錠剤の場合は1ℓの水に1粒を溶かす等）。さらに、1回目の処理から10～15日後にもう1回、今度は果粒を肥大させるために25ｐｐｍの水溶液に浸漬します。

ジベレリン処理用カップ

なお、フルメット液剤（合成サイトカイニン）という補助剤を使って、この2回の処理を1回で済ますことができる方法もあります。また、着粒を増やしたり、果粒肥大を促進する方法もあります。ここでは詳述しませんが、興味のある方は、フルメット液剤の説明書をよく読み、チャレンジしてみてください。

欧州系2倍体品種

シャインマスカットや瀬戸ジャイアンツなどはこの品種群になります。房づくり方法やジベレリン処理方法は先に述べた「巨峰系4倍体品種」と同じ方法でおこないます。

米国系2倍体品種

デラウェアやマスカット・ベーリーAなど米国系品種は、ジベレリンに対する感受性が鈍いことから、ジベレリンの濃度を濃くする必要があります。

表5　ジベレリン処理の目的と方法

使用目的	品種・グループ	第１回目		第２回目	
		使用時期	濃度	使用時期	濃度
無種子化・果粒肥大促進	２倍体米国系品種（ヒムロッドシードレスを除く）	満開予定日14日前	100ppm	満開後約10日後	75～100ppm
	２倍体欧州系品種	満開～満開３日後	25ppm	満開10～15日後	25ppm
	３倍体品種（キングデラ、ハニーシードレスを除く）	満開～満開３日後	25～50ppm	満開10～15日後	25～50ppm
	巨峰系４倍体品種（サニールージュを除く）	満開～満開３日後	12.5～25ppm	満開10～15日後	25ppm
果粒肥大促進（有核）	２倍体米国系品種（キャンベルアーリーを除く）	使用時期		濃度	
		満開10～15日後		50ppm	
	２倍体欧州系品種（ヒロハンブルグを除く）	満開10～20日後		25ppm	
	巨峰、ルビーロマン、ハニービーナス	満開10～20日後		25ppm	

＊平成25年４月現在の適用表から抜粋
＊下記の「品種による区分」に記載のない品種に対してジベレリンを初めて使用する場合は指導機関に相談するか、自ら事前に薬効薬害を確認した上で使用すること。
２倍体米国系品種：「マスカット・ベリーＡ」「アーリースチューベン（バッファロー）」「旅路（紅塩谷）」
２倍体欧州系品種：「ロザリオビアンコ」「ロザキ」「瀬戸ジャイアンツ」「マリオ」「アリサ」「イタリア」「紫苑」「ルーベルマスカット」「ロザリオロッソ」「シャインマスカット」
３倍体品種：「サマーブラック」「甲斐美嶺」「ナガノパープル」「キングデラ」「ハニーシードレス」
巨峰系４倍体品種：「巨峰」「ピオーネ」「安芸クイーン」「翠峰」「サニールージュ」「藤稔」「高妻」「白峰」「ゴルビー」「多摩ゆたか」「紫玉」「黒王」「紅義」「シナノスマイル」「ハイベリー」「オーロラブラック」

また、1回目の処理時期も満開期では種が入ってしまうので、満開の前に処理します。具体的には、満開予定日の2週間前にジベレリン100ppmの水溶液に浸漬します。さらに、2回目として処理した花穂が満開となった10日後に再び100ppmを浸漬します（図21）。

なお、第1回目処理の適期は、基準を未来においているため判断しにくいと思われます。慣れてくると花穂の状態で判断できるようになりますが、ざっくりとした目安として、展葉10～11枚の時期がほぼ満開2週間前にあたります。

その他の品種

上記に当てはまらない品種についても、種なし化は可能です。ジベレリンに添付されている説明書には、ほぼすべての品種が網羅されていますので、参考にしていただきたいと思います。

摘房・摘粒作業のポイント

摘房の目安と方法

　栄養状態のよいブドウ樹では、1本の新梢に二つ～五つの房がつきます。この着生したすべての房が、秋になって甘くなり収穫できれば嬉しいのですが、何も手を施さないでいると、すべての房が未熟のままで終わってしまい残念な結果になってしまいます。

　ブドウの果房が熟して甘くなるには、ある程度の葉面積が必要です。巨峰などの大きな粒の品種では、昔から1粒1葉といわれています。30粒の巨峰の房を成熟させるには30枚の葉が必要というわけです。食味のよい果房を収穫するためには、摘房といって房数を制限する管理作業が必須となります。

仕上がりの果房（巨峰）

　種あり栽培では、1粒が大豆くらいの大きさになり、種の有無が判断できる時期になったらできるだけ早く摘房をおこないます。早い時期に房数を制限することにより、残した果房に養分を集中させ果粒肥大を促します。

　残す房数の目安は**表6**に示しましたが、巨峰のように大きな粒の品種では、1新梢当たり1房、デラウェアやスチューベンのような小さな粒の品種では1新梢当たり2房を残します。1粒の重さが10g程度の品種では、長い新梢には2房、中程度の新梢には1房を残します。30㎝以下の弱い新梢は、着房させない空枝《からえだ》にします。

　残す果房は、房型のよいものを優先し、粗着の房や摘粒作業に時間がかかる過密着果房を落とします。

　種なし栽培では、果粒のつき具合が安定していますので、2回目のジベレリン処理の前に摘房します。残す房の目安は、種あり栽培と同様に1新梢1房を基本とします。

表6　残す房数の目安　3.3㎡（1坪）当たり

<table>
<tr><th colspan="2">品種</th><th>新梢数</th><th>房数</th></tr>
<tr><td colspan="2">デラウェア</td><td>30本</td><td>45房</td></tr>
<tr><td colspan="2">サニールージュ</td><td>25～30本</td><td>14～15房</td></tr>
<tr><td rowspan="3">種なし</td><td>巨峰</td><td rowspan="3">20～25本</td><td>9房</td></tr>
<tr><td>ピオーネ</td><td rowspan="2">9～10房</td></tr>
<tr><td>藤稔</td></tr>
<tr><td rowspan="2">種あり</td><td>巨峰</td><td rowspan="2">25～30本</td><td rowspan="2">12～13房</td></tr>
<tr><td>ピオーネ</td></tr>
<tr><td colspan="2">シャインマスカット</td><td>18～20本</td><td>10房</td></tr>
<tr><td colspan="2">ネオマスカット</td><td>22本</td><td>16房</td></tr>
<tr><td colspan="2">ロザリオビアンコ</td><td>25～25本</td><td>10房</td></tr>
<tr><td colspan="2">甲斐路</td><td>18～20本</td><td>12房</td></tr>
<tr><td colspan="2">甲州</td><td>25本</td><td>17房</td></tr>
</table>

注：「房づくり・収量調節基準」（JA、JA全農やまなし）より

図22　摘粒作業

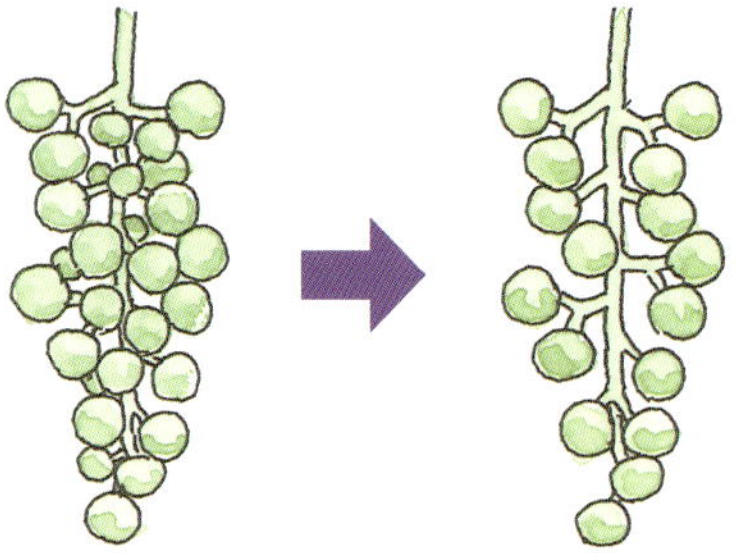

生育の悪い粒を間引いてすきまをつくり、残った粒が大きく育つようにする

摘粒が万全でなかったため、密着して裂果した果粒を切り落とす

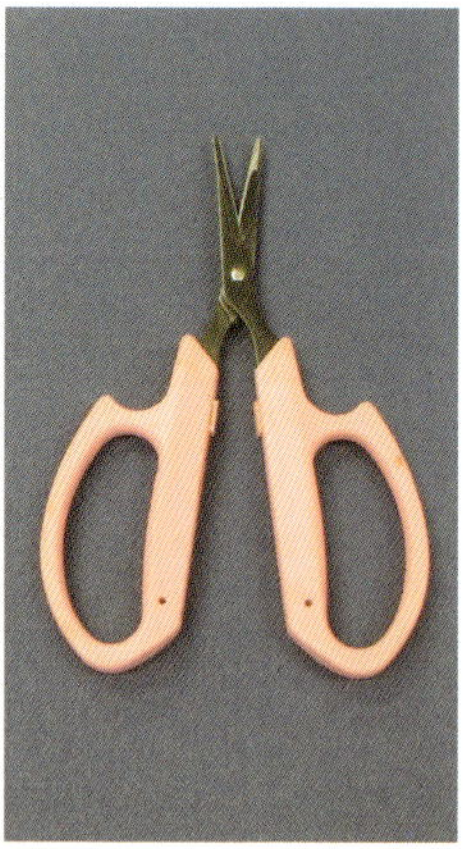

摘粒バサミ

図23　巨峰群品種の摘粒の目安

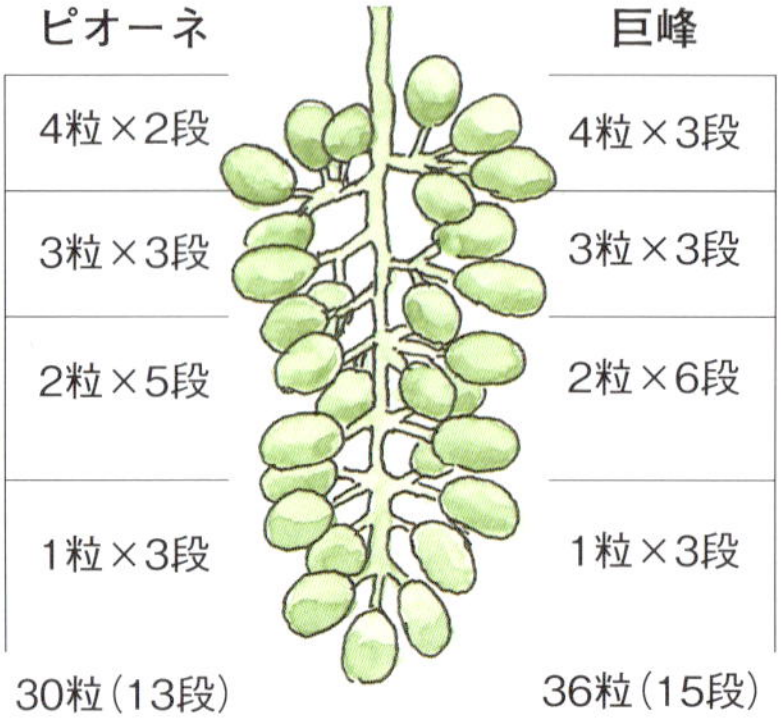

摘粒作業のポイント

房づくりの項で、花蕾の数を制限する房づくりの必要性を述べましたが、花穂を短く切り詰めても、例えば巨峰群品種では50～60粒の果粒がついています。将来的には一粒が約13g、大きいものでは20g程度にまで肥大しますので、この状態のままでは密着して裂果してしまいます。

　そこで粒を間引く摘粒という作業が必要となります。

　ちなみに巨峰群品種では、1房当たり30～35粒を残すように摘粒をおこないます（**図22、23**）。

　摘粒は、ブドウの管理作業の中で最も手間がかかる作業です。実どまり期以降、果粒は急激に肥大しますので、限られた時間の中で摘粒作業を終わらせなければなりません。ブドウ栽培農家は、この摘粒作業の時期が最も忙しく、猫の手も借りたい状況になります。

　摘粒の目安としては、大豆くらいの大きさになると果粒の善し悪しが判断できますので、果粒の形のよいものを

種なしピオーネの仕上がり果房

優先的に残します。極端に小さい果粒（ショットベリー）や内側に向いている果粒、キズやサビ果、裂果している粒などは落とします。

　ちなみに、見た目が美しい果房に仕上げるためには、房の長さやバランスが重要になります。

　例えば巨峰群やシャインマスカットなどの大粒種では、軸長1cm当たり5粒（軸長7cmに35粒）を目安に摘粒すると、コロッとした美しい房に仕上がります。

摘粒の例

①摘粒前の果房（ピオーネ）

②摘粒作業を終了

①摘粒前（シャインマスカット）

②摘粒作業を終了

摘粒し、美しく仕上がった果房（シャインマスカット）

摘粒時にもったいないと思って、多くの果粒を残してしまうと、将来果粒の肥大が劣ったり、裂果したりします。将来の果粒肥大を想定して、果粒同士のスペースを十分に確保した思い切りのよい摘粒をすることが美しく仕上げるポイントになります。

　なお、甲州種や醸造用ブドウのように摘粒の必要のない品種もあります。手間暇がかけられない場合は、このような品種を選択するとよいでしょう。

カサかけ・袋かけと防鳥ネット

カサかけ・袋かけの効果

摘粒が終了したら、すぐにカサ、または袋かけ作業をおこないます。ブドウの病気のほとんどは雨滴で感染するので、雨の多いわが国では、果粒を雨から守るためのカサや袋かけは必須作業となっています。また、カサ・袋かけには、強い日差しによる日焼けを予防したり、農薬の付着を防止する効果もあります。

袋かけ後のブドウ園

カサや袋は、ホームセンターやJA（農協）などで市販されています。品種や果房の大きさによって、袋やカサのサイズや素材が異なりますので、品種に合ったものを選ぶようにします。

なお、房数が少ない場合は、クラフト紙や新聞紙などでつくります。

袋かけ作業のポイント

摘粒が済んだ果房の果梗にしっかりと袋を巻きつけます。このとき、果粒のこすれ防止のため果房の肩の部分に袋が触れないようにし、また、雨水やスリップス類（害虫）の侵入を防ぐため、留め口がロート状にならないようにしっかりと巻きつけてください。

袋をかけた後、袋に直接陽光が当たるような場所では、袋の中の温度は非常に高くなります。このような場所の

白袋

青袋

袋の中では、果粒が萎びたり日焼けを起こしたりしますので、直射日光が当たらないように新梢を袋の上に誘引し直して、日陰をつくるようにします。新梢で日陰がつくれないような場合には、袋の上にクラフト紙のカサをかけ

て日差しを遮るようにします。

緑色や黒色の品種では、収穫まで袋をかけたままでよいのですが、赤色品種の多くは、光が果房に当たらないと着色しない特性があります。このため、収穫約2週間前には袋を取り去り、乳白か透明のカサにかけ替えるようにします。

透明のカサ

白いカサ

カサかけ作業の手順

巨峰などの大型の果房では、約30cm四方のサイズのカサをかけます。デラウェアやナイアガラなどの比較的小型の房では、約15～20cm四方のカサをかけます。果房の肩にカサが触れないように注意し、2か所をホッチキスで留めます。

ネットで鳥害を防ぐ

ホッチキスでカサを留める

カサかけは、できるだけ早い時期におこなったほうが病害感染のリスクが少なくなります。作業性の面からは摘粒後にかけるのが効率的ですが、摘粒作業が遅れるような場合は、先にカサをかけ降雨から守るようにします。

防鳥ネットで万全を期す

いざ収穫という段になって、果粒を鳥についばまれたら地団駄をふむことになります。

着色が始まり、糖度がのってきたところで食害をもたらすのはムクドリ、ヒヨドリ、スズメ、カラスなど。概して緑色より鮮紅色、紫黒色の果房がねらわれます。また、熟した果粒にはスズメバチやヤガ（夜蛾）の仲間が寄ってくることもあります。

手塩にかけて育てた果房を鳥などから守るためには、ネットを張ることにまさるものはありません。1cm目の防鳥ネットでも十分に有効です。

適期収穫・食味と収穫後の管理

収穫時期の目安

ブドウの果粒は、着色が始まる7月中旬頃になると水を引き込み軟化してきます。ブドウ栽培者は、この果粒軟化期を「ベレーゾン」と呼んでいますが、ベレーゾン以降、果粒は糖分をため込み成熟していきます。糖度の上昇に伴って着色が進み、品種固有の芳香を放つようになります。

ブドウ栽培者は、糖度を目安に収穫時期を判断しています。簡易的な糖度計が市販されているので、将来にわたってブドウを栽培するような場合には、1台購入しておくと便利です。品種により糖度の高低はありますが、おおむね17度から18度くらいに達したら収穫ができるようになります。ただし、年によっては、糖度は十分にあっても酸含量が低下しない場合があるので、一粒食べてみて収穫時期を決めるとよいでしょう。

生産者は朝のうちに収穫する

図24　上半分が甘い部分

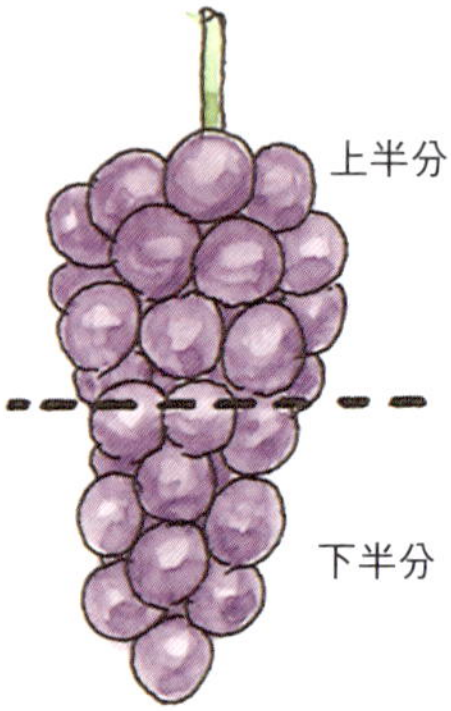
房の下部が甘ければ、全体が甘いということになる

糖度計が手元になかったら、やはり一粒食べてみておいしかったら収穫するようにしましょう。このとき、ブドウの房のお尻の部位（下部）から一粒採取して味見すると間違いありません。ブドウの房は肩（上部）のほうが下部よりも甘くなるのが早いので、お尻の部分を食べてみておいしければ房全体の果粒がおいしくなっているというわけです（**図24**）。

ブドウはバナナやキウイフルーツの

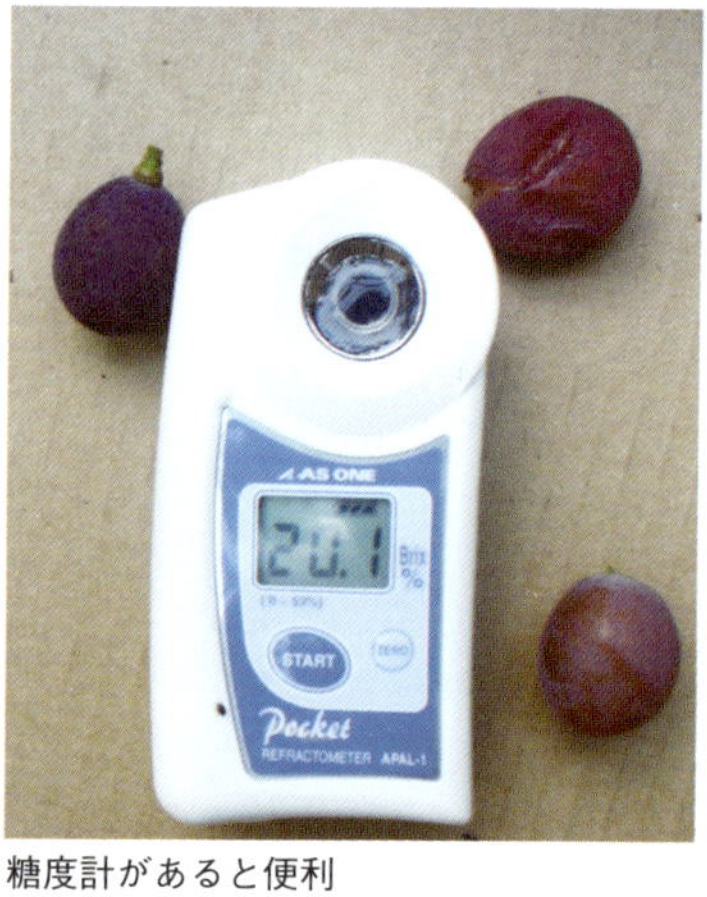

糖度計があると便利

思い思いに収穫（観光ブドウ園）

ように収穫後に追熟はしないので、収穫時の品質が向上することはありません。このため、十分においしくなってから収穫するように心がけます。

なお、収穫する時間帯は、なるべく朝のほうがよいでしょう。気温が高くなる日中は果粒から水分が蒸散するためやや軟化し、収穫後の日持ちも悪くなります。

ブドウの食味の要素

ブドウの食味は、糖度だけクリアしていればよいというものではありません。ブドウの果粒には酒石酸やリンゴ酸などの有機酸が含まれています。糖度が高くても酸含量が多いと酸っぱく感じます。一方、酸含量が低すぎても、コクがなく薄っぺらな食味となってしまいます。

ブドウの食味には糖度と酸含量のバランスが大事となります。気温が高い日が続くと、酸は徐々に減少していきますが、冷夏のような年では、減酸するのに時間がかかりますので、注意しなければなりません。

収穫したデラウェア

さらに、香りや食感も食味の重要な要素です。香りは品種特性によるところが大きいのですが、しっかりと健全に育てたブドウは、品種固有の芳香を放ち、果肉の締まりもよい傾向にあります。食味のよいブドウを生産するには、土づくりをはじめとした上手な肥培管理が重要になります。

収穫後の適切な管理

永年作物であるブドウでは、収穫したらお役御免というわけにはいきません。翌年も健全に生育するように準備をする必要があります。落葉後には整枝剪定作業をしますが、収穫後から落葉までの間は、貯蔵養分を貯えるための重要な時期になります。

具体的には、葉をなるべく長い間健全に保つようにすることが大切です。病害虫や養分欠乏等による早期落葉を防ぐために、ボルドー液などの防除や葉色を見ながら窒素や苦土の葉面散布を必要に応じておこなってください。

整枝剪定のポイント

整枝剪定の目的

放任しておいても自然に樹姿が整っていく樹木と違い、ブドウを含めた落葉果樹では、品質のよい果物の生産のために整枝剪定は必ずおこなう必要があります。

整枝剪定の目的は、品質のよい果物を毎年安定して収穫できるようにすることです。バランスよく枝を配置してスペースを有効に活用するとともに、陽光を最大限に利用できるようにします。また、余分な枝を整理し芽数を制限することで、春先に発芽する新梢の生育を促し、樹勢を維持します。

余分な枝を剪定

以下には各種仕立てに共通する基本的なポイントと、主要な仕立て別の剪定方法について紹介します。

共通する剪定の基本事項

剪定時期

落葉後から冬の間であれば、どの時期に剪定をおこなっても差し支えありません。具体的には、葉が完全に落ちる11月中旬以降から、2月いっぱいまでの時期です。春先、根が活動を始め、枝先から水がぽたぽた落ちる頃（3月上旬）までには終わらせるようにします。

図25　枝の断面

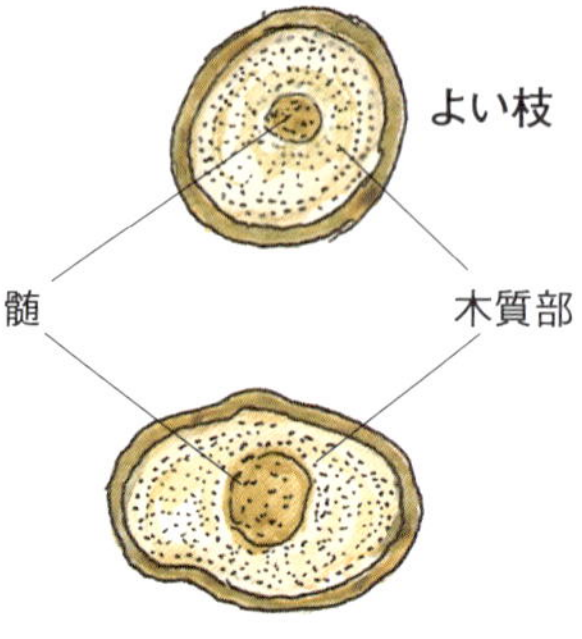

よい枝は、断面が円形で髄が小さい

表7　剪定量と樹勢

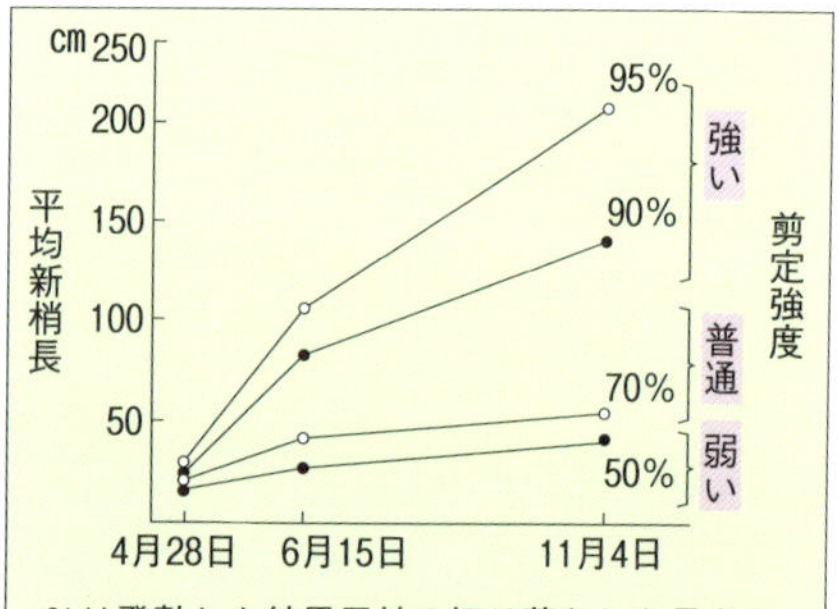

%は登熟した結果母枝の切り落とした長さの割合を示している（7年生露地栽培の巨峰）

注：『ブドウの作業便利帳』高橋国昭著（農文協）より

残す枝の選び方

節間が詰まっていて徒長していない枝を優先的に残します。枝を切ってみて断面が円形に近く、髄の部分が小さ

図26　結果母枝の切り方

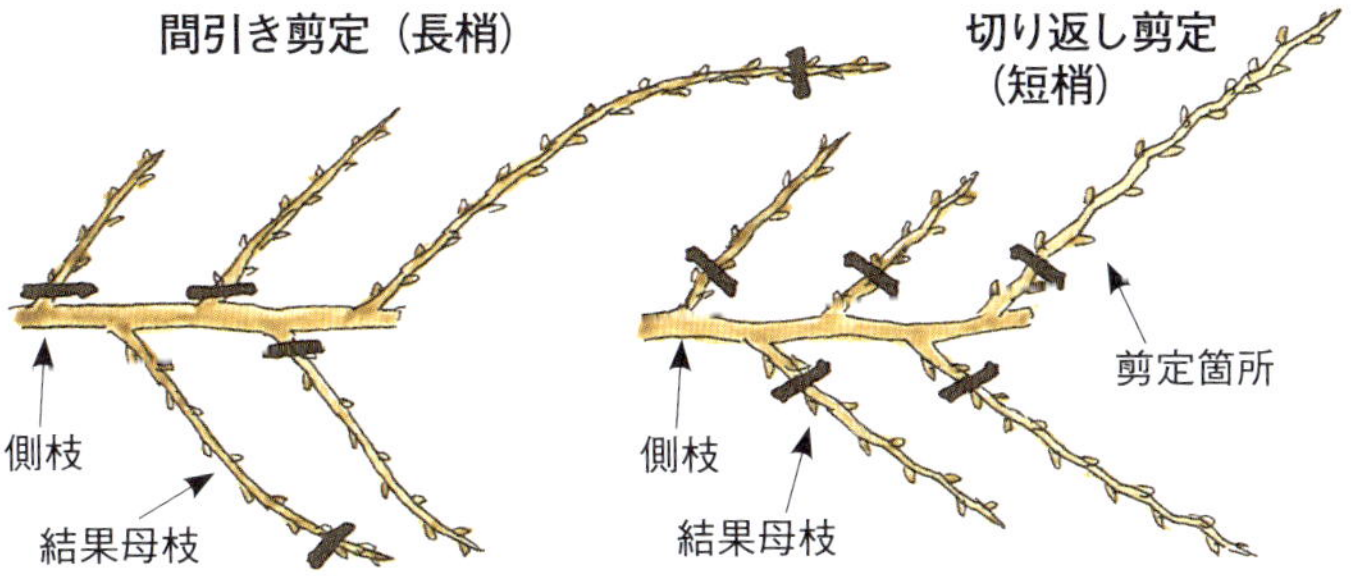

注：長梢は間引き剪定、短梢は切り返し剪定でおこなう

いものがよい枝です（**図25**）。

切ってみてスカスカになって枯れ込んでいる枝や登熟が不良な枝は、残しておいても発芽しないので、たとえよい部位にあっても、切除します。ただし、枝の途中から枯れ込んでいるものは、登熟している部位までは利用できるので、よい枝が少ないような樹では残してもよいでしょう。

枝の切り方

剪定の方法（結果母枝の切り方、**図26**）は、長梢剪定と短梢剪定の二つに大別されます。

長梢剪定　長梢剪定では、結果母枝は樹勢に応じて5〜15芽程度に長めに残して切り詰め、間引き主体でおこないます。長梢剪定の剪定量は今年伸びた枝の総量の7〜8割を切り落とします。

短梢剪定　一方、短梢剪定は読んで字のごとく結果母枝を一律に1〜2芽残して短く切り詰めますので、今年伸びた枝の総量の9割以上を落とすことになります。

共通する切り方の原則

いずれの剪定方法でも、樹勢を保ちながら、よい果実を生産するための「ルール」がありますので、後ほど紹介しますが、共通する切り方の原則は以下のとおりです。

長く伸びた新梢はあまり短く切り詰めない　長く伸びた枝を短く切り詰めて芽数を少なくすると、残った芽に養分が集中しすぎて勢いよく伸びてしまいます。このように強すぎる新梢にはよい果房はつきません。

短い新梢は短く切る　短くて細い新梢を長めに残すと、残した芽から発生する新梢は短く弱いものになります。樹冠も広がらず、樹は衰えてしまいます。

古い枝は更新する　古い枝は、なるべく新しい枝に更新します。古い枝からは新梢が発生しないので、養分を消費するだけの器官になっています。太い枝を切ると大きな空間を生じ、スペースが埋まるかどうか不安になりますが、1〜2年で新しい枝に埋まるので心配はいりません。

図27　長梢剪定（棚）の姿

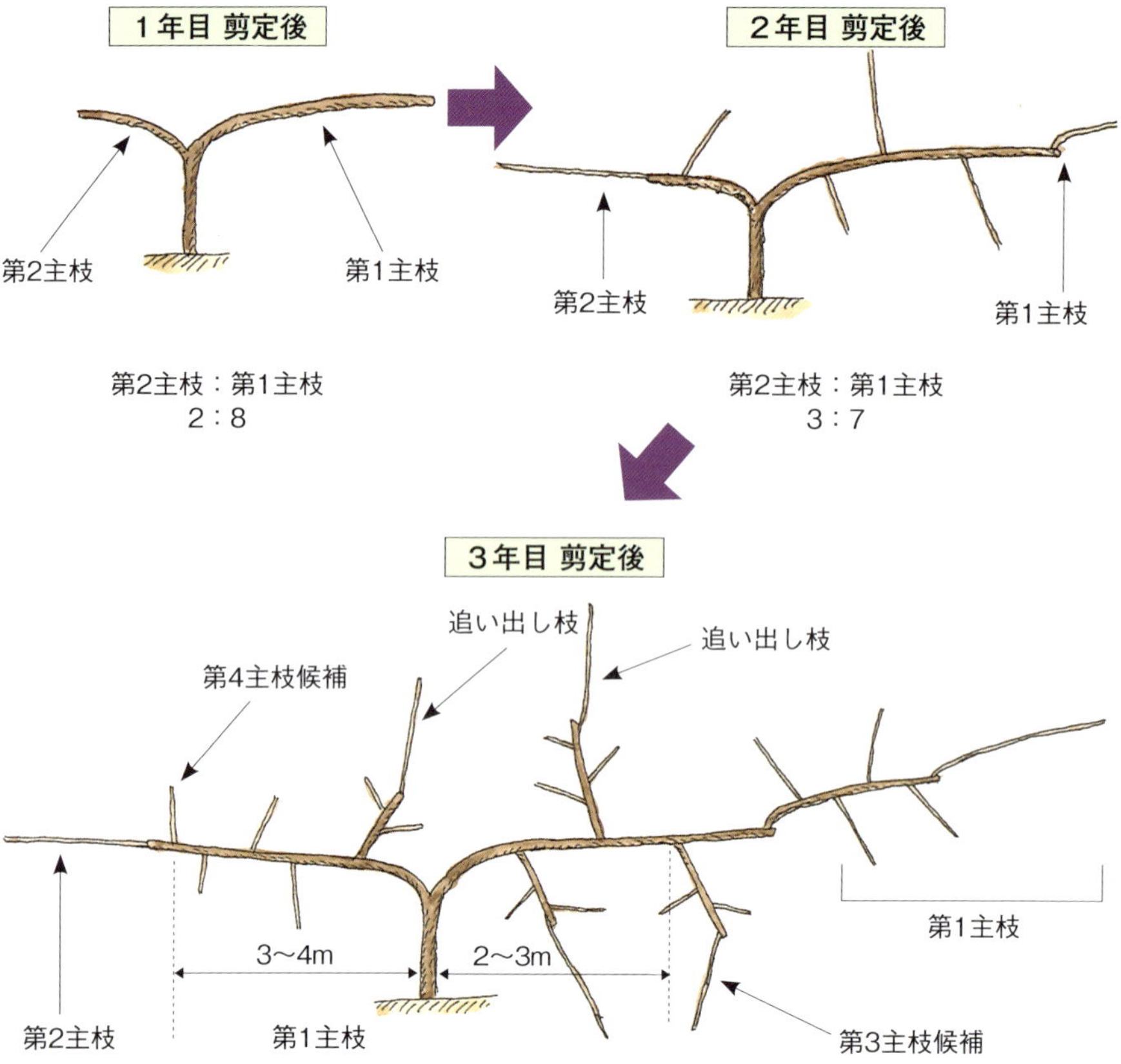

長梢剪定棚仕立て

長梢剪定は、山梨県や長野県などの東日本の産地で取り入れられている剪定方法です。樹勢に応じて剪定量が加減できるので、樹勢調節が容易です。また、樹冠の拡大が速やかで早く結果期に達し、枝の配置も自由に決められるので、棚面全体を均一に利用できます（**図27**）。

ただし、剪定技術の理解や習得が難しく、上手にできるようになるにはある程度の経験・試行錯誤が必要になります。長梢剪定の方法論だけでも一冊の本になるほど、詳細な注意事項は多々ありますが、紙面の都合上、代表的な一例をざっくりと示します。

図28のように、先端の結果母枝は10～15芽程度に切り詰め、先端から2番目と3番目に発生している結果母枝は間引き、④の新梢を5～10芽程度に切り詰め残します。⑤、⑥を間引き、⑦

を残します。さらに2本を間引き、⑩を残します。側枝のBの部分の剪定も先端を残し、2本間引いて残す方法で切っていきます。

　このとき、Bの部分の枝数が多いと、先端のAの部分が「負け枝」になってしまいよい果房が生産できなくなるので、Bの枝数はAの3分の2以下に少なくします。

　以上のように一例を示しましたが、この他にも剪定時に注意しなければならない点がいくつかあります。

①同側枝、車枝は先端部を弱らせる

図29に示したように、片側に連続して枝を残すことを「同側枝《どうそくし》」と呼びます。また、近接して左右に配置した枝を「車枝《くるまえだ》」と呼びますが、このような状態では先端の勢力を弱らせてしまいます。枝は交互に一定の間隔をとって配置することが重要です。

図28　長梢剪定の例

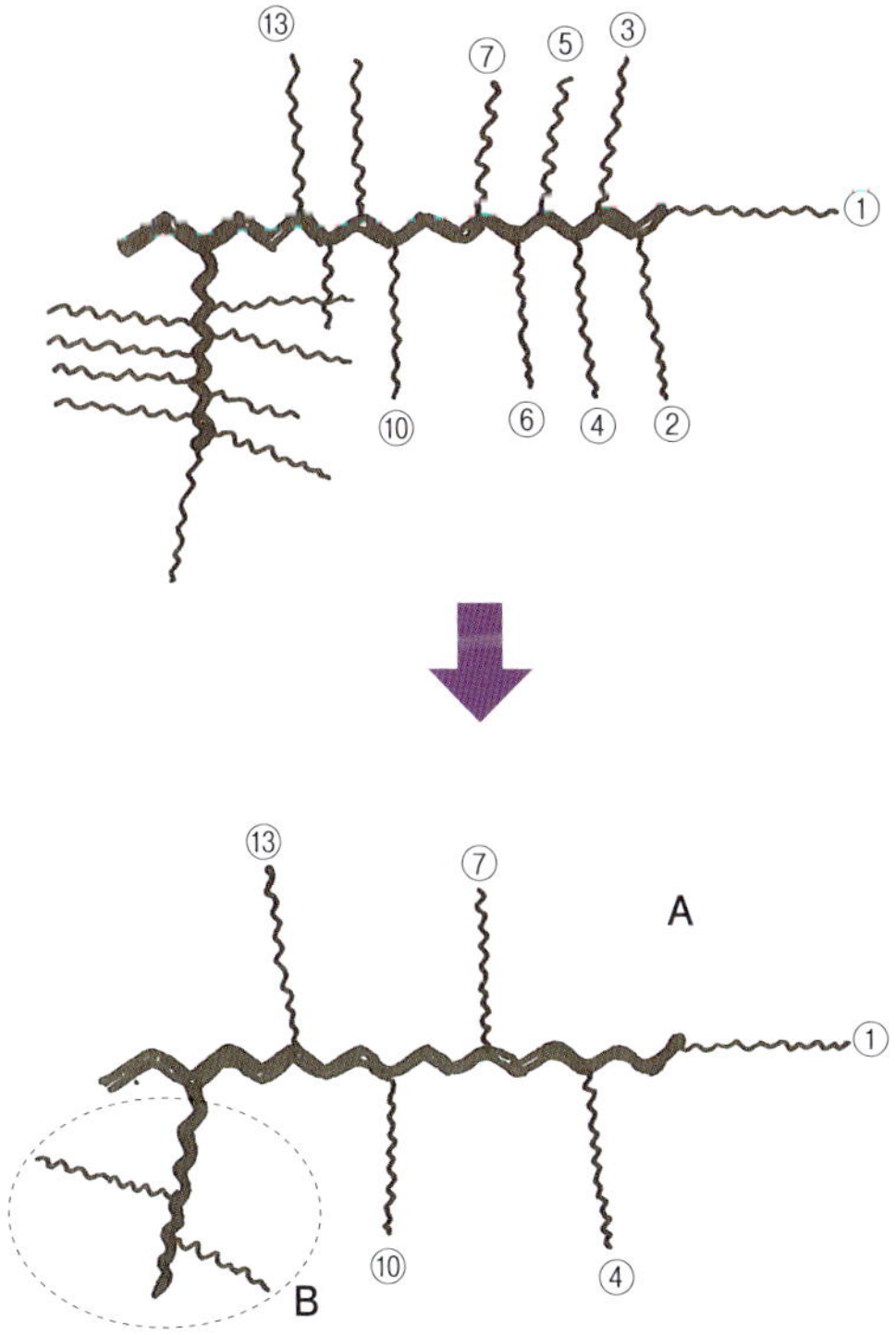

図29　同側枝と車枝の影響（模式図）

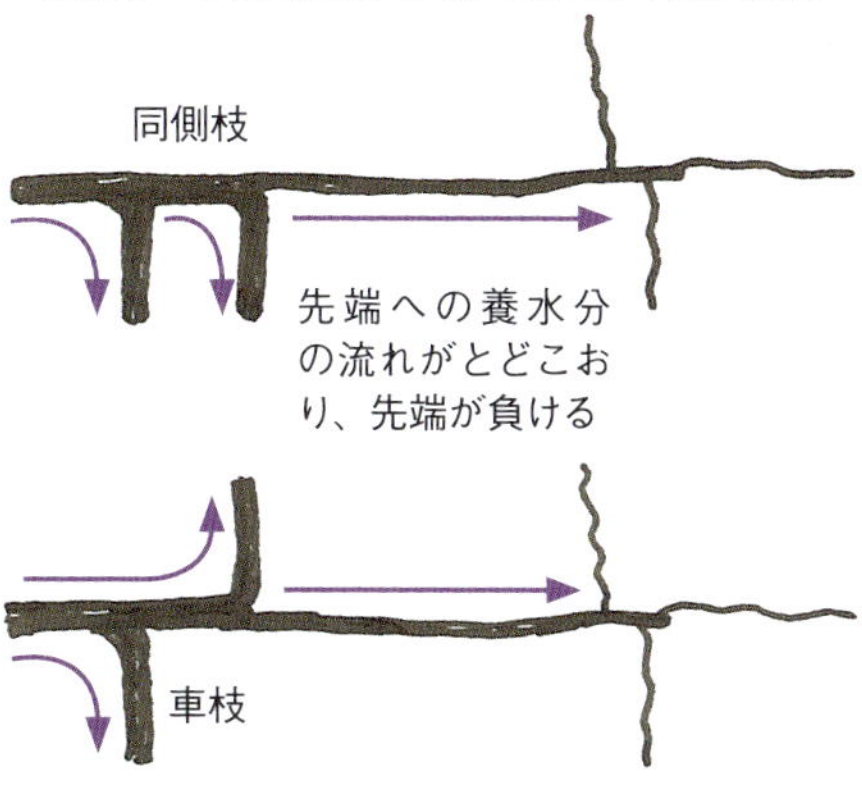

②新梢が多い側枝ほど強勢になる

先にも述べましたが、先端部と枝数（芽数）が同じぐらいの側枝は、側枝の方が強勢になりやすいので、芽数は先端部よりも少なくします。

③基部に近いほど強勢になる

主幹に近い枝ほど根からの距離も近いため養分が供給しやすく、強勢になりやすい特性があります。このため、主幹に近い部位に大きな側枝を配置すると、先端部が衰えてしまうので、剪定の際には、側枝をあまり大きくしないことが肝要です。

④先端に向かう枝ほど強くなる

先端のほうに向いた結果母枝は強勢になりやすいので、剪定の際には、できるだけ残さないようにします。ただし、枝の配置上残す必要がある場合は、なるべく弱めの結果母枝を残すようにします。

⑤空間をゆったりと確保する

モモやスモモでは、剪定で残した枝に果実がつくので、収穫期の状況をイメージしやすいのですが、ブドウでは結果母枝から発生した新梢の途中に果房がつきます。このため、新梢が伸びて果房がついた状態を想像しながら剪定作業をおこなう必要があります。

長梢剪定棚仕立て（1年生）

①長梢剪定の前（1年生）

②長梢剪定を終了

長梢剪定棚仕立て

①長梢剪定前の状態

②長梢剪定を終了

長梢剪定後の枝の状態

短梢剪定棚仕立て

短梢剪定は、岡山県を中心とする西日本で広く採用されている剪定方法です。**図30**のように平行に主枝を配置し、一律に1～2芽残して切り落とします。

長梢剪定に比べると作業が単純で誰にでもできる剪定方法です。また、樹勢を強めに導きやすいため、種なし栽培に適した剪定方法です。

主枝の本数は品種や地力によって調整しますが、片側2本主枝のH型整枝が多くの品種に適応できます。スペースが狭い場合は、一文字整枝でももちろんかまいません。

図30　短梢剪定の例

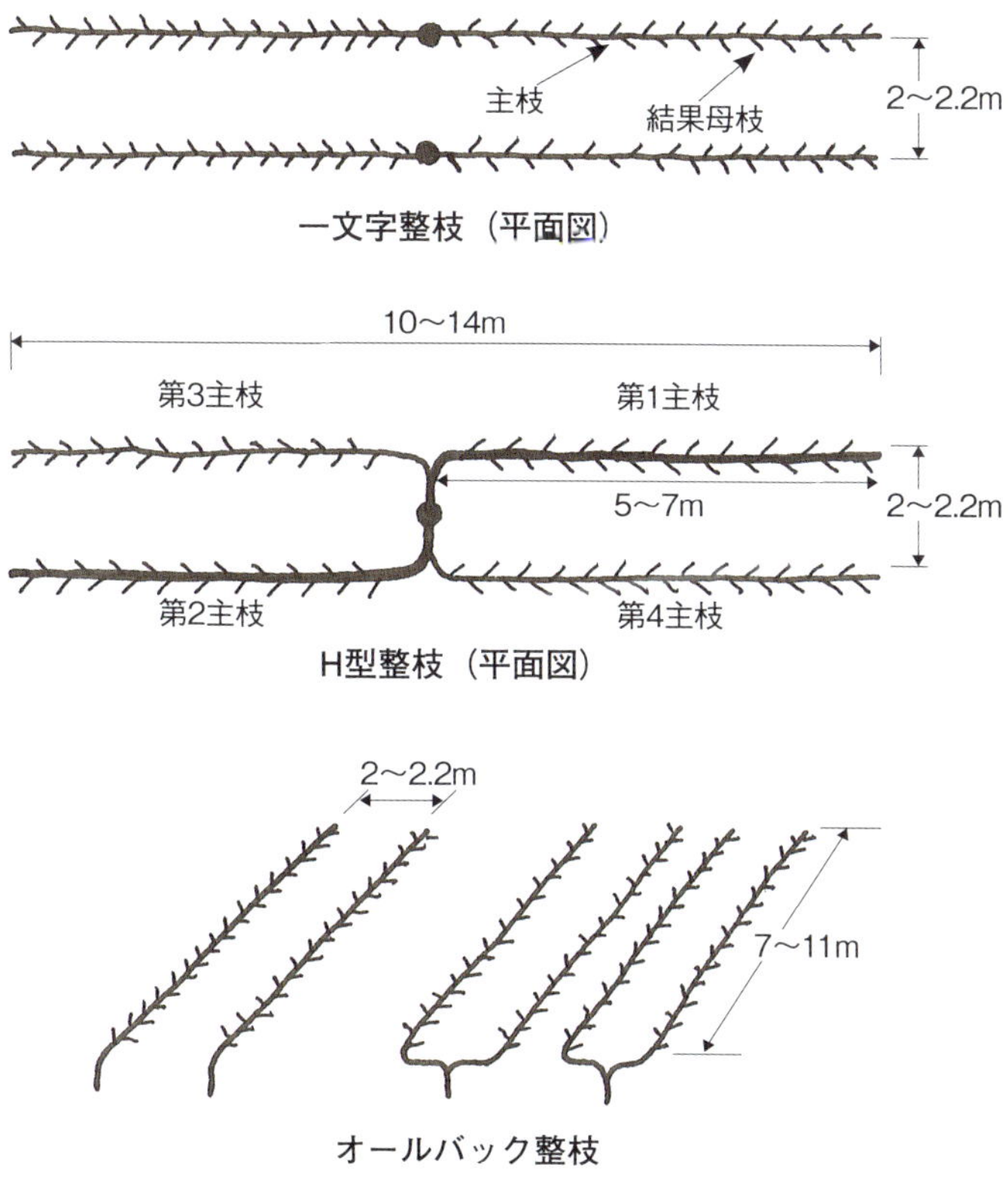

注：原出典『葡萄栽培法』太田敏輝著（朝倉書店）より

なお、本書で紹介している品種はすべて短梢剪定が可能ですが、短く切った場合に果房がつかない品種もあるので注意が必要です。

結果母枝の剪定は、基本的には1芽を残して2芽目を犠牲芽剪定します。犠牲芽剪定とは枯れ込み防止のため、組織が硬い芽がついている部位で切除することをいいます。

結果母枝が発生している部位を芽座と呼びます。約20cm間隔に一つの芽座を配置し、一つの芽座からは1本の新梢を発生させます。もし芽座が枯れていたりして欠損したりしている場合

短梢剪定（1年目）

は、付近の芽座の結果母枝を2～3芽残して切除し、2～3本の新梢を発生させ欠損部をカバーします。
主枝延長枝の剪定は、強い枝であっても15～20芽を目安に切り詰めます。

短梢剪定の果房（ピオーネ）

延長枝から発生する新梢は将来の芽座になるので、すべての芽から発生させる必要があります。
このため、樹液流動が始まる前に、芽キズ処理といって、芽の5㎜くらい上部に幅5～10㎜、深さ2㎜程度の切り込みをすべての芽に入れます。芽キズ処理には専用のハサミもありますが、剪定バサミや金ノコの歯を用いるとよいでしょう。
芽キズ処理した芽からはほとんど発芽してくるので、長梢剪定樹でも発芽させたい芽に芽キズ処理をするとよいでしょう。

短梢剪定棚仕立て

短梢剪定（平行整枝）

発芽期を迎える

果房が成熟。収穫期の棚

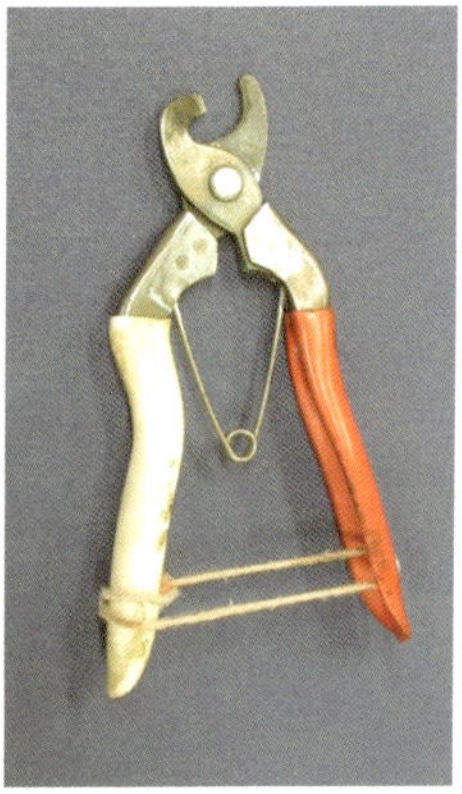
芽キズバサミ

芽キズを処理

長梢剪定垣根仕立て

垣根の長梢剪定は、フランス語でギヨとも呼ばれ、醸造ブドウの栽培に多く採用されています。もちろん、生食用ブドウでも適用可能です。平面の棚を必要としないので、コンテナ栽培にも適した仕立てだと思います。

長梢剪定垣根仕立て

①長梢剪定前の状態　②長梢剪定を終了

複数の樹を植える場合には、1～1・5m間隔で植えつけます。垣根の一番下の張り線の高さ（おおむね地上60㎝）で二つに枝を分け、張り線に誘引します。結果母枝の切り詰めの長さは50～70㎝とします。発芽した新梢は上に向かって誘引します。

落葉後は基部から発生した結果母枝を残し、その先からは切り落とします。樹液流動が始まって枝が柔軟になった時期に、残した結果母枝を張り線に誘引します。翌年以降も、基部から発生した結果母枝を1本残して、張り線に誘引します。以降は、これの繰り返しになります。

短梢剪定垣根仕立て

垣根の短梢剪定はコルドンとも呼ばれています。この仕立ても醸造用ブドウで多く採用されています。もちろん生食用ブドウでも適用可能です。1年目はギヨと同様に一番下の張り線で二つに枝を分けて、張り線に誘引します。発芽した新梢は同様に上方向に誘引します。落葉後、発生した新梢をすべて1～2芽残して短梢剪定し、翌年以降も繰り返します。

短梢剪定垣根仕立て

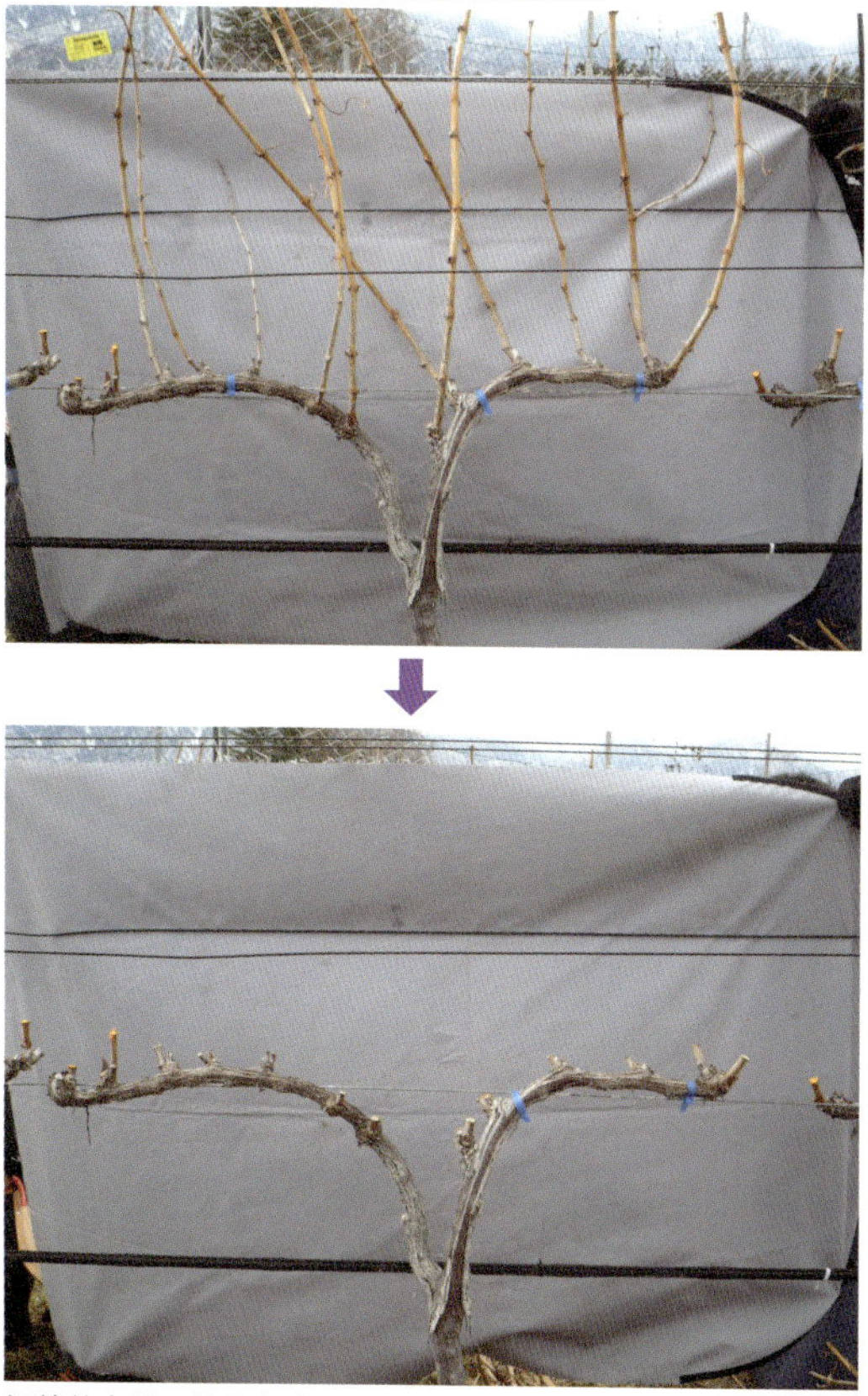

短梢剪定前の状態(上)。短梢剪定後の状態

病害虫を防ぐために

どんなに病害虫に強い品種を選んでも、温暖で多湿のわが国の気象条件下では病気や害虫が少なからず発生してきます。しかし、できる限り病害虫の発生を少なくして、薬剤の散布は最小限にとどめたいものです。

病害虫を防ぐためには、薬剤による化学的防除のほかに、粗皮削りや花カス落としなどで病害虫の生息密度を少なくする耕種的防除方法や、カサかけや袋かけにより病気の感染から守る物理的防除方法など薬剤を使わない方法があります。なるべく、このような管理に励み、病害虫の発生を予防するようにします（**表8**）。

粗皮削りの作業

果梗の切り残し

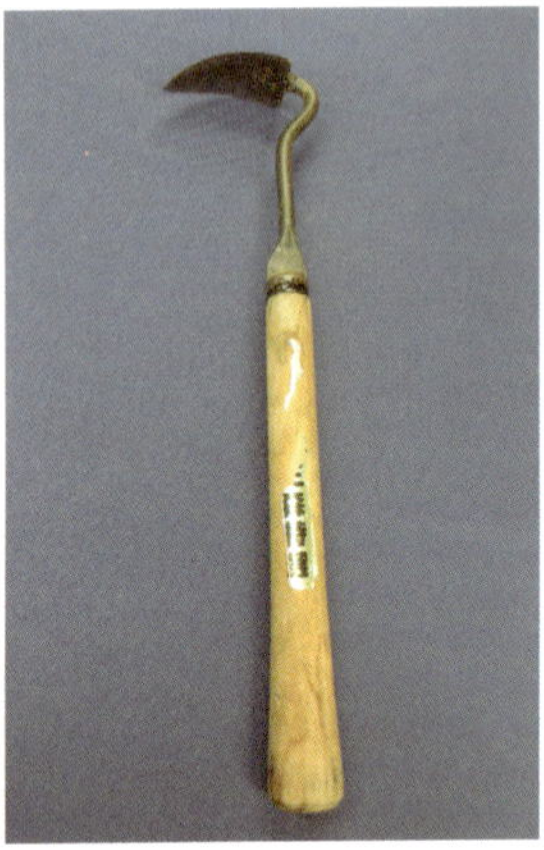
粗皮削り用のカンナ

耕種的な防除方法

粗皮削り　幹の外側の古くなった樹皮を、カンナなどで削り取る作業が粗皮削りです。粗皮の下には、ハダニ類やカイガラムシ類が越冬しているので、粗皮削りはこうした害虫の防除にはとても有効です。剪定作業が終わった時期に、なるべくていねいにはぎ取るようにしましょう。

果梗の切り取り　収穫した後の果梗の切り残しも病気の感染源になります。収穫時には果梗を切り残さないよ

粗皮をはぎ取る

表8　主な病害虫の症状と対策

病害虫名	発生時期	症状	防除法
べと病	5～7月	葉の裏面などに白色のカビが密生、やがて褐変する。果実が肥大しない	日当たりや風通しをよくして、湿度を高くしない。発病した葉を焼却
黒とう病	5～9月	梅雨の前後に発生。枝、葉、果粒に黒褐色の斑点が生じ、収穫量が激減	胞子が周囲に拡散しないように、発生初期に被害部を取り除く
晩腐病	7～9月	成熟した果粒に発生。橙色の胞子の塊が果房全体に発生し、果粒が萎びる	果梗や巻きひげを除去し、なるべく早めにカサかけをおこなう
ブドウトラカミキリ	5～6月	新梢が急にしおれ、越冬していた幼虫により結果母枝が中途で折れる	春先の枝で樹液がもれている部分を針金でつつき、内部の幼虫を刺殺
コガネムシ類	7～8月	ドウガネブイブイ、マメコガネなどが葉を網目のように食い荒らす	枝を揺すってばらばらと地面に落とし、捕殺する
チャノキイロアザミウマ	5～8月	果粒の表面がかすれたように、さび（かさぶた）状になる	風通しが悪いと発生しやすいので、剪定や摘心、2番枝の除去を徹底

うに根元から切るようにしますが、残っている場合は見つけ次第切り取るようにします。

落ち葉や剪定枝の処分　落ち葉にはべと病やさび病などの病原菌が付着していて、翌年の発生源になります。また、剪定して切り落とした枝の中にも様々な病気やブドウトラカミキリ、ブドウスカシバなどの害虫が寄生している可能性があります。このため、落ち葉や剪定枝は焼却するか園（庭）から持ち出して処分してください。

巻きひげの切り取り　ブドウの新梢には巻きひげが発生しますが、巻きひげには晩腐《おそぐされ》病や黒とう病の菌がつくことがあります。巻きひげは棚に絡みつくと木質化して切り取ることが大変になりますので、生育期の管理作業の中で、気がついたら切り落とすようにします。

幹の周りは清潔に　幹の周りに雑草が生えていると、コウモリガやクビアカスカシバなどの害虫が潜みやすくなります。園の全面を除草する必要はありませんが、幹の周りは除草し清潔にしておきます。

木質化した巻きひげ

晩腐病。橙色の胞子が果房に発生

物理的な防除

カサかけ・袋かけの項でも述べましたが、病気のほとんどは雨滴で感染するので、できるだけ早くカサかけや袋かけをおこなって果房を雨から守るようにします。

地域によっては、カメムシ類やアケビコノハなどの蛾の仲間が果汁を吸いに集まってきます。1cm四方のメッシュ（網目織）で樹体を覆うと、これらの害虫の被害を防ぐことができます。

病害虫の症状

葉や果実を食害する害虫スリップス

べと病（房）

スリップスによる被害果

べと病。葉裏に白カビが発生

ブドウさび病の症状

黒褐色の斑点が生じる黒とう病

薬剤散布による防除

上記のような耕種的防除や物理的防除に取り組んだとしても、薬剤散布をおこなわなければならない状況もあると思います。ブドウに登録がある薬剤は数多くあり、防除対象の病気や害虫により散布する薬剤は異なります。公的指導機関や園芸店、ホームセンターなどに相談して、病害虫に応じた薬剤を選択するようにしましょう。

希釈濃度や散布量は薬剤の説明書に詳しく書いてあります。濃度や薬量を間違うと葉や果房に薬害を起こす恐れがありますので、使用方法は必ず守るようにしてください。

散布器具については、小規模の場合は噴霧器が便利です。葉の裏側によくかかるようていねいに散布してください。

ブドウの繁殖の方法

ブドウに限らず果樹の繁殖は、一般に挿し木や接ぎ木などの栄養繁殖法でおこなわれており、親と全く同じ形質のものを多量につくることができます。

ちなみに、種子を発芽させて育てる方法は種子繁殖法といい、種子で育った樹を実生といいますが、実生の果実は色や大きさなど遺伝的特性が親と異なるため、果樹の繁殖には適していません。

挿し木のポイント

挿し穂を用意する

下部を斜めに切り、挿し込む

挿し木の方法

ブドウは挿し木をおこなうと容易に発根するので、自根苗の繁殖は比較的簡単にできます。鉢やプランターで栽培する場合には自根苗でも十分に楽しめます

枝の採取と貯蔵

挿し木となる枝は、冬季剪定のときに切り落とした1年枝を用います。切断面が丸く、中庸からやや細めの充実した枝を選びます。採取後は乾燥しないようにビニールに包み、冷蔵庫（5℃以下）に入れておきます。

挿し木の調整と発芽後の管理

挿し木の時期は、暖かくなった4月以降がよいでしょう。冷蔵庫から出した枝は写真のように3芽に切り、先端以外の芽は削り取り、下部は挿しやすいように斜めに切ります。鉢やプランターには先端の芽を土壌面から数cm出して挿します。

大量に増殖する場合は、園や庭に挿し床（畝）をつくり、黒色のポリマルチで覆い、15cm間隔で挿していきます。土壌が乾かないようにこまめに灌水をし、伸びてきた新梢は支柱を添え、まっすぐに誘引します。

緑枝接ぎの方法

緑枝接ぎとは台木などの新梢に、これから育てたい品種（穂品種）の新梢を接ぐ方法で、誰にでも容易にできる繁殖方法です。
接ぎ木に用いる台木は、ブドウ専門の苗木業者から根付きのものを購入するか、台木の結果母枝を手に入れることができれば、前述の方法で挿し木により前年に準備をしておきます。

接ぎ木の時期

接ぎ木の時期は、新梢が伸びた開花前の5月下旬~6月中旬頃が適期となります。この時期より早いと穂品種の新梢が柔らかすぎ、逆に遅くなると台木の新梢の硬化が進み、活着率が低下するので適期におこなうことが成功のポイントです。

接ぎ木方法と発芽後の管理

台木の新梢は、穂品種と同じくらいの太さのものを選びます。穂品種の新梢から、葉柄を残して葉を切り落とした芽（節）を採取し、切り出しナイフかカミソリ刃で芽の下を楔形に削ります。

台木の新梢は、硬すぎないやや柔らかめの部位の節間で切り、断面の中央部にまっすぐに2㎝程度の切り込みを入れます。穂品種を台木にしっかりと差し込み、パラフィルムを巻いて固定します。穂品種の先端部分も乾きやすいので、この部分にもパラフィルムを巻いて乾燥を防ぎます。

接ぎ木後は、土壌が乾燥しないように注意して灌水をおこないます。接ぎ木が成功すると、穂品種の葉柄は黄変、脱落し、腋芽が伸び出します。穂品種の生育を促すため台木から発生する芽はマメにかき取るようにし、伸び出した新梢は支柱にまっすぐ誘引して管理します。

緑枝接ぎのポイント

①穂木としての新梢を削る

②穂下の下部は楔形

③台木に切り込みを入れる

④台木に穂木を挿し込む

⑤パラフィルムを巻いて固定

⑥伸び出した新梢を支柱に誘引

コンテナ栽培の要点

家庭でブドウ栽培を楽しむ場合、庭植えが可能であれば、多くの人は庭に直接苗木を植えて栽培を始められると思います。

しかし、庭がコンクリートで覆われていたり、重粘土質土壌など栽培に不適な土壌条件である場合、無理をして庭植えにしても、よいブドウを育てることは難しくなります。

研究場面や観賞用としては、植木鉢のような容器でのブドウの栽培は古くからおこなわれていました。一方、近年、ハウス内においてコンテナや木枠などで作成したボックス、大きなプランターなどに植えつけ、根域を制限することで、早期成園化や品質向上を図る栽培法が開発され、少しずつ普及しています。

コンテナ栽培（安芸クイーン）

コンテナ栽培の利点

コンテナ栽培は地植えと異なり、根が生育する範囲が限られていることから、栽培管理方法も独特なものがあります。しかし、施肥や灌水などの管理が経験や感覚に頼らないでシステマチックにできるので、ある意味では誰にでも栽培しやすい栽培方式といえるでしょう。

肥料や灌水の効果が高まる

おいしいブドウをつくるためには、地上部にある新梢や果房の管理はもちろん、目に見えない地下部の管理も重要になります。しかし、ブドウの根は広く深く広がるので、灌水や施肥の効果が思ったとおりにいかない場合も多くあります。

一方、コンテナ栽培では根域が限られるため施肥や灌水が集中的に管理でき、生育への効果が確実なものになります。また、肥料の量も最小限となるため、省資源化につながるとともに環境への負荷も少なくすることができます。

果実品質が向上する

土壌中の肥料分をコントロールできるので、中庸な樹勢に導きやすく、強勢な樹に発生しやすい花ぶるいなどの障害を回避することができます。さらに、収穫前の灌水の制限もできるので、糖度が高いおいしいブドウをつくることができます。

コンパクトで単純な整枝になる

地下部の生長が抑えられるので、そ

れにともなって地上部の生長もコンパクトになります。このため、後ほど述べますが、整枝方法も複雑ではなく単純で理解しやすいものになります。

大きさと培養土

コンテナのサイズと容量

コンテナの容積が大きいほど、新梢が伸びやすく樹冠は広がり収量も多くなります。また、果粒の肥大も容量が大きいほど優れます。

一方、糖度や着色などの品質の面では、容量が小さいほうが優れる傾向があります。ただし、容量が小さすぎるとすぐに根が回って詰まってしまいます。摘心などの栽培管理や灌水など取り扱いやすさから見て、容量50～60ℓ程度のものが適当でしょう。

ハウスのコンテナ密植栽培

プランターへの植えつけ

具体的には果樹用NPポットとして市販されている60ℓ用（直径515㎜×高さ420㎜）、または45ℓ用（480㎜×380㎜）が利用されています。

培養土

培養土は、水はけのよい土壌に堆肥を混ぜてつくります。経済栽培をおこなっているコンテナ栽培の培養土は、真砂土《まさつち》（花崗岩風化土）を用いています。真砂土が入手できない場合は、川砂に赤土を2割程度混ぜた土壌を用いている場合もあります。

いずれにしても、水はけがよい土壌を用いることが肝要で、重粘土質でなければ身近な土を用いても差し支えありません。堆肥は牛ふん堆肥かバーク堆肥を容積比で9：1の割合で混ぜます。このときに石灰50～60gとヨウリン25～30gもいっしょに混ぜます。

コンテナ栽培での仕立て方

棚仕立ての場合のポイント

棚栽培の場合は、シンプルな片側一文字整枝で仕立てると管理も簡単です。棚上に達するまではまっすぐに誘引し、棚上では水平に誘引し、落葉後に棚上の結果母枝は長さ1m以下、8芽程度残して剪定します。このとき、結果母枝をあまり長く残すと翌春に発生する新梢が弱くなるので、棚上8芽を限度とします（**図31**）。

発芽後は、庭植えの管理と同様に、開花始め期に新梢先端を軽く摘心し、副梢も2～3枚残して摘心します。着果量は1新梢に1房、一つのコンテナで6～8房に制限します。

培養土の容量が限られているので、長年にわたって安定的に栽培するためには、1コンテナ当たりの新梢数と収量は厳守してください。次年度以降

図31　コンテナ栽培での剪定例

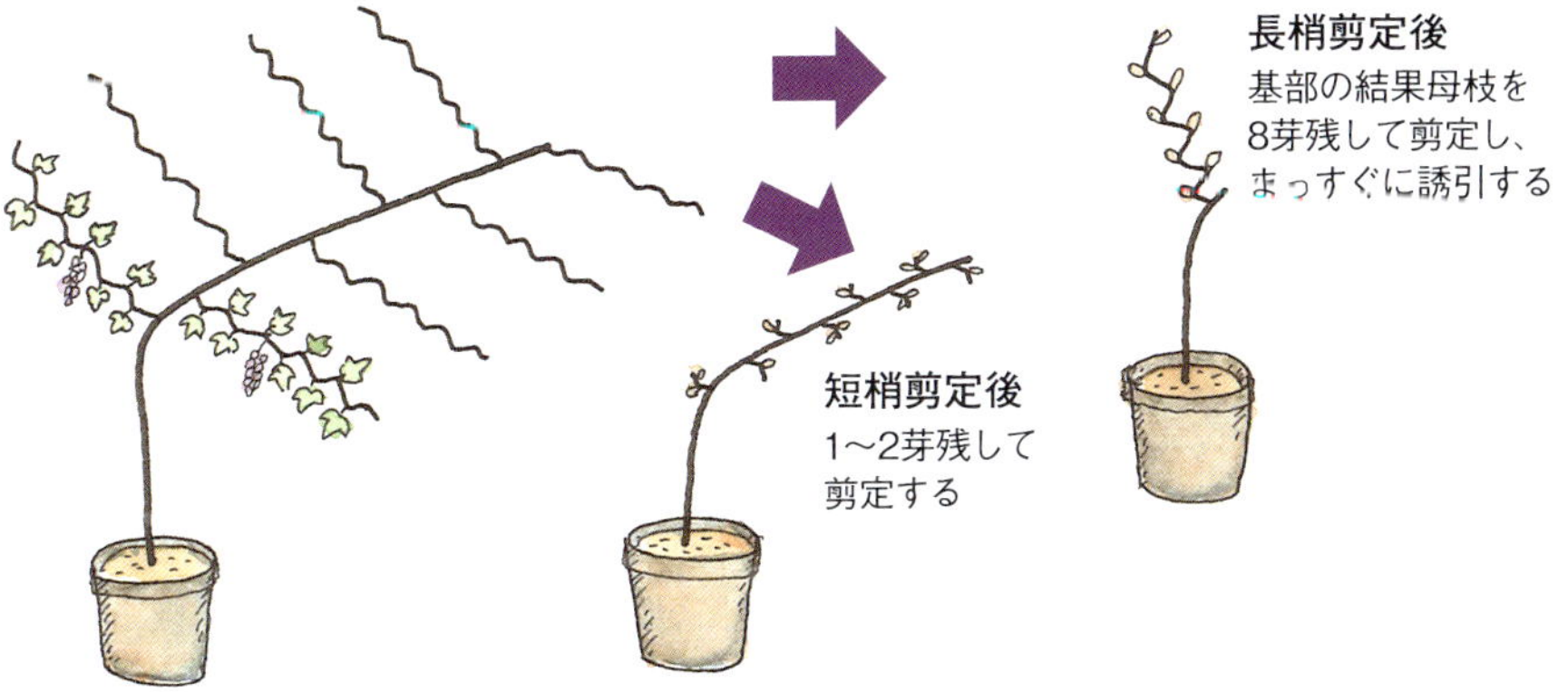
長梢剪定後
基部の結果母枝を
8芽残して剪定し、
まっすぐに誘引する
短梢剪定後
1～2芽残して
剪定する

も、棚上の新梢の数は6～8本、房数も6～8房とします。

剪定方法は、短梢剪定、長梢剪定の両方法ともできます。短梢剪定の場合は発生した結果母枝を1～2芽残して切除します。発芽後、房がついていることを確認してから、1芽座1新梢になるように芽かきをおこない、1樹当たりの新梢数を6～8芽に制限します。

長梢剪定では、最も主幹に近い部位から発生している結果母枝まで切り戻し、結果母枝は8芽残して切り落とします。以降も同様に切り戻し剪定を繰り返します。

垣根仕立ての場合のポイント

垣根仕立てでもコルドン（短梢）、またはギヨ（長梢）の剪定方法で仕立てます。枝は地際部から約50cmのところで、左右二つに分けます。初めの年はどちらか一方に枝を誘引し、副梢を反対方向に誘引し、左右に分けます。

この年の剪定では、本梢、副梢とも結果母枝の長さは50cmにします。発芽後は棚仕立てと同様に、左右の結果母枝からそれぞれ3～4本ずつ新梢を発生させます。

発生した新梢は上部に向かって誘引し、開花直前には先端を軽く摘心します。本梢から発生した副梢は2枚程度残して摘心します。着果量は1新梢1房に制限するので、1コンテナ当たり6～8房になります。

落葉後の剪定は棚仕立てと同様に、コルドンでは1～2芽残して、ギヨでは基部から発生している結果母枝まで切り戻して剪定します。

コンテナ栽培の施肥と水やり

コンテナ栽培では地植え栽培に比べて地上部の生育量が少ないので、貯蔵養分の蓄積も少ないことが予想されます。このため、収穫後にはすみやかに肥料を施し、疲れた樹体を回復させてあげる必要があります。

施肥量の目安は1コンテナ当たり窒素成分量で10g、リン酸5g、カリ10gとします。ただし、新梢の生育状況を観察して施用量は加減してください。

なお、生育期に葉色が薄い場合や縞模様（苦土欠乏）が見られた場合には、尿素や水溶性マグネシウムの水溶液の葉面散布をおこなってください。

晴天日には1日で葉1枚当たり約30mlの水が蒸散するといわれています。特に葉数が多く展葉した夏季には、想像以上に土壌は乾燥します。根域が制限されているので、人間による水やりに頼るしかありません。

土壌水分計や自動灌水装置が設置されていない家庭栽培では、土壌をよく観察し表面が乾いたらたっぷり水を与えてください。特に葉が茂っている夏季には乾燥させないように注意が必要です。

あると便利な道具・資材

あると便利な道具、資材の主なものをいくつかあげておきます。

摘粒バサミ　細くて長いハサミで、刃先は果粒を傷つけないように丸くなっています。摘粒や房づくり、巻きひげ切りなどに使用します。

剪定バサミ　冬季の剪定用のハサミです。ブドウの枝は比較的柔らかいので、普通のタイプで十分です。

剪定用ノコギリ　2年生以上の太い枝はノコギリを使います。

誘引器　新梢や結果母枝を棚や支柱に誘引するための道具です。中のテープは薄いタイプが新梢用、厚いタイプが結果母枝用で交換して使います。

誘引テープ　紙の粘着テープです。新梢を誘引するときに使います。

バインドタイ　新梢や結果母枝を誘引するバンドです。植えた苗木の新梢を誘引するのに便利です。

粗皮削り用カンナ　粗皮を削るためのカンナです。病害虫の越冬場所をなくして密度を下げます。

芽キズバサミ　2月下旬頃、発芽させたい芽の直上に5㎜程度のキズをつけると、発芽しやすくなります。

糖度計　僅かな果汁で糖度を計ることができます。17Brix以上が収穫の目安です。

カラーチャート　果皮色と糖度は相関があり、収穫時期の目安になります。

肩掛け噴霧器　小規模な薬剤散布に便利です。葉の裏にしっかりかけます。

踏み台　背が低い人は踏み台を使って作業をします。アルミ製で軽く持ち運びがラクです。

ジベカップ　花穂にやさしいジベレリン処理用のカップです。

第3章

主産地の素顔と利用・加工

好評のお手製ブドウジャム

最古の品種甲州の発祥地として

名僧行基のぶどう寺創建

ブドウの原産地は中央アジアのカスピ海沿岸、コーカサス地方といわれ、数千年の時の流れを経て西へ東へと分布が広がったとされています。

日本でブドウ発祥の地として知られるのが、甲斐国勝沼。ぶどう寺として名高い柏尾山大善寺の由来がブドウ栽培の古さを物語っています。

およそ１３００年前の養老2年（７１８年）、名僧行基《ぎょうき》が日川渓谷の岩上で霊夢で感得した像（ブドウを手にした薬師如来）を刻み、安置して寺を開いたとのことです。

薬師如来像

大善寺本堂（薬師堂）

ブドウ棚と山門

ブドウ栽培の普及に貢献

仏教典の覚禅鈔に「その金色にして瑟相をなすなり、左手に宝印を取り、右手に葡萄を取る。葡萄は諸病を治す法薬なり」と記されています。

以来、境内周辺で薬園をつくり、ブドウを栽培し、日本最古の品種甲州を中心とするブドウ栽培を地元に広め、隆盛に導いたそうです。

近年、大善寺では祈願、供養だけではなく、寺社の一部を史蹟ワイン民宿として参拝者に開放。また、拝観券と自家製ワイングラス1杯を組み合わせたコースを用意。まさにぶどう寺の面目躍如といったところです。

大善寺　〒４０９－１３１６　山梨県甲州市勝沼町勝沼３５５９

江戸期からブドウの栽培、販売

歴史、文化を知るスポット

ぶどうの国文化館は、地域に定着したブドウやワインの歴史、文化が一目でわかるミュージアムです。館内にはテーマごとにコーナーを設け、ハイライトシーンとなる景色や摸擬人物を興味深く配置しています。

まず前頁でも述べた行基伝説のほかに、鎌倉時代の文治2年（1186年）、雨宮《あまみや》勘解由《かげゆ》という人がヤマブドウの変種を発見して大切に育てて実らせ、源頼朝に献上したという雨宮勘解由伝説が紹介されています。

甲州街道沿いの勝沼宿を再現

勝沼宿でブドウの産地直売

元和4年（1618年）に発足したのが勝沼宿。日本橋から124km、甲府から16kmの位置になります。ブドウの季節になると街道の両側に棚店が並び、収穫したばかりのブドウをざるなどに盛って販売。旅人や飛脚、かごかきなどを配置しています。

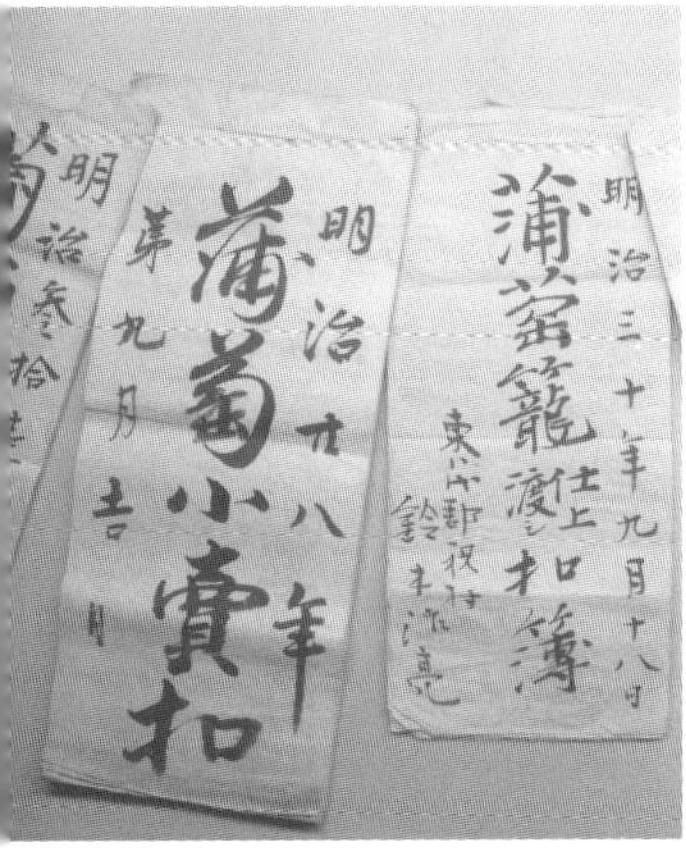
明治時代のブドウ出荷帳

また、圧巻なのが明治時代のブドウ酒醸造風景。先駆者が醸造用の樽、圧搾機、破砕機などを改良し、ブドウ酒を世に送り出した姿がリアルに再現されています。

ブドウに関する文献なども多く公開されているだけに、ブドウやワインを理解するうえでの欠かせないスポットといえるでしょう。

ぶどうの国文化館　〒409－1313　山梨県甲州市勝沼町下岩崎1034－1

ぶどうの国文化館

ぶどうの丘は主産地のシンボル

専用容器を購入し、試飲

甲府盆地東端にブドウ畑が広がりますが、小高い丘に建つのが甲州市勝沼ぶどうの丘。甲州市が運営する観光・商工・保養施設で南アルプス、甲府盆地を一望できます。

広々としたエントランスから入館すると、1階はインフォメーションホールとワインなどの売店。バラエティーあふれる地元産ワインを展示即売。醸造シーズンには一升瓶入りのリーズナブルワインも入手できます。

地下のワインカーブ（貯蔵庫）では、品質審査会（甲州市主催）に合格したワインを常時１５０～２００銘柄取りそろえ、１１００円の専用容器（タートヴァン）を購入すると各銘柄を試飲できるようになっています。

ぶどうの丘本館口

どの施設もパノラマの眺望

３６０度のパノラマで一般浴場はもちろん、露天風呂、寝湯、ミストサウナなどのある天然温泉天空の湯は、疲れを癒す開放的なリラクゼーションスペース。

また、大きな窓越しの眺望を誇る展望ワインレストラン、バーベキュー施設、軽食ラウンジ、隣接の美術館内喫茶コーナー、さらに全21室で最大79名まで収容できるホテルなどを設置。勝沼ブドウ郷めぐりのシンボルゾーンとなっています。

1階のワイン売り場

ブドウ園を眼下に一望

ぶどうの丘　〒４０９－１３０２
山梨県甲州市勝沼町菱山５０９３

発信力、集客力のあるブドウ園

安全・安心の減農薬栽培

甲州市勝沼町の最北に位置する菱山地区（標高500ｍ）にある㈲ぶどうばたけは、ブドウ狩りや季節ごとの農作業体験などを積極的におこない、醸造部門ももつブドウ園の一つとして知られています。

　代表の三森斉《みつもりひとし》さんは、三森家十八代目の当主。フットワークのよさが身上で減農薬栽培から営業、経理までこなすスペシャリスト。妻のかおりさんは自称アネゴ。日本農業法人協会理事、山梨県指導農業士、保育士、ワインアドバイザー、野菜ソムリエなどを務める行動派。お二人のコンビネーションとスタッフたちとの息の合った取り組みで、発信力、集客力のある老舗《しにせ》ブドウ園として周囲から一目も二目もおかれています。

収穫シーズンのブドウ園一帯

48品種を生食、加工用に

「この菱山地区はブドウづくりの条件である日当たり、水はけ、風通しのよさに恵まれています。寒暖の差が激しく、昼夜の温度の開きが多いため、ブドウの着色にも優れているのです」と、斉さんは打ち明けます。

18代目の三森斉さん

　ブドウ園で栽培するのはデラウェア、ピアレス、藤稔、リザマート、ピオーネ、多摩豊、甲斐路、ロザリオ、ウインク、巨峰、甲州、シャインマスカット、瀬戸ジャイアンツなど48種。

　ブドウ狩りでは、食べ放題（時間制限なし）と収穫したブドウを買い取る（入園料、試食料不要）二つのコースがあります。

　団体のブドウ狩りは100名まで収

収穫果（シャインマスカット）

容できますが、障がいのある人や高齢者の方々もゆっくり楽しめるように障がい者トイレを設置したり、園内をスムーズに移動できるようにカートを用意したりしています。

農作業体験を重視

農業に興味をもっている人を対象に打ち出しているのが、季節ごとの農作業体験。小学校のセカンドスクール、中学校の農業体験学習、食育体験。山梨大学工学部や山梨県立農業大学校などの研修を受け入れています。

さらに日本農業法人協会と全国農業会議所のインターンシップ（実習訓練）に登録していることもあり、１週間から１か月間を研修期間として研修室に泊まり、朝から晩までいっしょに働き、暮らす研修制度を設けています。研修生のなかには研修後にブドウ園に就職を希望し、正式に雇用となる例もあります。

ブドウ園入口の直売所では生食用のブドウはもちろん、保存料・着色料・香料不使用のブドウ加工品（ジャム、ジュース、コンポート、干しブドウ）や自家製のオリジナルワインを販売しています。

ブドウ蔵でワインづくりを説明する袈裟治さん

自家醸造の甲州
ぶどう酒白（辛口）

ワインは農家の晩酌用!?

醸造家としても斉さんがワインづくりから分析、管理まで担いますが、父親の袈裟治《けさはる》さん（１９３０年生まれ）もブドウ蔵になくてはならない存在で研修生などの一番の人気者です。

「かつての瓶詰めは、すべて一升瓶でした。一房ずつ摘み取った甲州をていねいに手入れして仕込み、農家の晩酌用にしたものです」

と、袈裟治さんは回想します。

主な銘柄は甲州ぶどう酒白（甘口）一升瓶、以下７２０㎖入りで甲州ぶどう酒白（辛口）、甲州ぶどう酒白（甘口）、ロゼワイン（やや甘口）など。

いずれもラベルなしですが、キャップシールなどに必要事項を記載しており、自園産もしくは地場産ブドウを原料として１００％使用しています。

ぶどうばたけ　〒４０９-１３０２
山梨県甲州市勝沼町菱山１４２５

お手製ブドウジャムのつくり方

ジャムに用いるブドウはどんな品種でもよいのですが、果皮が紫黒色のキャンベル、マスカット・ベーリーA、巨峰などがより適しています。

果皮は、動脈硬化や老化の原因となる活性酸素の過剰を抑える作用のあるポリフェノールを多く含み、果皮といっしょに煮詰めることで一定の効用を期待でき、香り高い濃厚な味わいになります。

つくりたてのブドウジャム

材料

完熟ブドウ3～4房（約1kg）、水1・5カップ、グラニュー糖450～500g、レモン汁½個分

つくり方

①果粒を房からはずして水洗いし、種を除いてホウロウ鍋に入れて水を1カップ加え、レモン汁を分量の半分のグラニュー糖を入れた火にかけ、アクを取りながら煮る

②果粒がはじけ、煮くずれたら火を止め、熱いうちに裏ごしにかける

③②をホウロウ鍋に入れて水を½カップ加え、残りのグラニュー糖を入れてふたたび火にかける。アクを取りながら中火で煮詰め、とろみがついたところで仕上がりとなる

ひと口メモ

果粒がはじけ、煮くずれて果皮と同じ色合いになったときが、火の止め頃です。また、あえて果皮を残す場合は、よく洗った果粒を半分に切って種を取り除き、むいた皮を使用済みのティーバッグなどで包んで煮るようにします。

なお、種の扱いですが『手づくりジャム・ジュース・デザート』井上節子著（創森社）によれば、最初の段階で煮くずれたブドウを裏ごしせず、粗熱をとったら果皮も種も丸ごとミキサーにかけ、より深い味わいにする方法もあるようです。

長期保存のときはジャムを熱いうちに煮沸消毒した保存瓶に入れ、瓶ごと強火で20～30分煮たあと、水道水を当てて冷ますようにします。

濃縮ブドウジュースのつくり方

ジュースに用いるブドウもジャムと同様にどの品種でもつくれますが、やはり紫黒色のキャンベルや紫赤色のデラウェア、キングデラ、甲州などの品種のほうが美しく仕上がります。

手づくりのブドウジュースは、濃厚で爽快。栄養丸ごとの実力派で、これぞ妙なるブドウのエキスといっても過言ではありません。

ブドウジュースは濃厚で爽快

材料

ブドウ6～8房（約2kg）、グラニュー糖450～600g、レモン汁1個分

つくり方

①果粒を房からはずして水洗いし、グラニュー糖400～500gとレモン汁½個分を加えて火にかけ、アクを取りながら煮る（果汁が濃厚になる）

②果皮がはじけ、煮くずれてきたら火を止め、ボウル上のこし器にさらし木綿（もしくはガーゼ）を敷き、①の果汁を流し込んでこす

③果汁を鍋に戻して弱火にかけ、残りのグラニュー糖とレモン汁を加え、アクを取りながら煮て、とろりとするまで煮詰める

ひとロメモ

なるべく3日から1週間くらいで飲みきるようにします。長期保存のときは、ブドウジュースを瓶に詰め、80℃くらいまで加熱して保存します。冷凍庫に余裕があれば、冷凍保存することもできます。

つくりたてのブドウジュースをその場で飲みほすときは、水洗いした果粒をボウルに入れて皮ごと手でつぶし、さらし木綿などにくるんでしぼるだけでOK。また、より簡単なのがジューサーにかける方法です。甘さが必要であれば、好みでグラニュー糖やハチミツを加えます。

なお、さらし木綿でしぼったり、ジューサーにかけたりして残った果皮などのしぼりかすをしゃもじでこするように裏ごしし、好みの甘さになるようにグラニュー糖を加え、レモン汁を入れてとろりとするまで煮詰めるとブドウジャムのできあがりです。色や香りがいくぶんあせるものの、味わい十分の逸品です。

特製干しブドウのつくり方

干しブドウは完熟したブドウの果実を天日、または人工的に乾燥させたもの。レーズンとも呼び、一般に水分が15％のものがよいとされています。

アメリカのカリフォルニア州が、世界最大の干しブドウの産地。酸味が少なく、種のないトムソンシードレスなどの品種を原料にしています。日本では市販されているもののほとんどが輸入品というのが実情です。

庭先でブドウがたくさんとれたりしたときにつくっておくと、重宝することと請け合いです。

干しブドウ（デラウェア）

材料

完熟ブドウ（種なしデラウェア）5～6房、塩少々

つくり方

①果粒を房からはずし、ざるに入れて塩をふり、水洗いする

②オーブンの天板にクッキングシートを敷き、水気をふきとった果粒を重ならないように並べる

③まず100～120℃で約90分加熱。加熱ムラになるのを防ぐため、前後を入れ替えたりして同じ温度でふたたび90分ほど加熱する

④③を1～2日天日干しし、甘みを増して仕上げる

ひと口メモ

オーブンを使わずに最初から天日干しでつくるとなると、品種や気候にもよりますが数十日間の長期にわたって干すことになります。また、ブドウの裏表をひっくり返したり、夜間の雨露を防ぐためにふたをしたりして行き届いた管理をしなければなりません。

さらに業務用の干しブドウづくりの場合、乾燥機が必要になり、乾燥しやすくするためにアルカリ液処理をしたり、仕上がりをよくするために亜硫酸処理をしたりします。オーブンを使った干しブドウづくりは、自家用で少量だからこそできる方法です。

干しブドウは鉄分、カルシウムなどミネラルが豊富な高エネルギー食品。携行食としても秀逸。オリジナルの自家製干しブドウをつくり、日々の食生活のアクセントとして楽しみたいところです。

ブドウシャーベットの楽しみ方

シャーベットは果汁を主とした氷菓、冷菓ですが、ブドウをそのまま凍らせれば天然の氷菓になります。

ブドウは生食、醸造兼用種ヒムロットなど皮が柔らかく種のない品種が適していますが、種なしの巨峰、ピオーネ、藤稔などの大粒の品種でもおいしいシャーベットができます。

口の中でとろ~りととろけるブドウ独特の甘さ。後味はすっきり、さわやか。暑い日にいただくと、おいしさは格別です。

独自の甘さのブドウシャーベット

皮の柔らかい品種が好適（写真はヒムロット）

材料

ブドウ（ヒムロット、巨峰、ピオーネなど）適宜

つくり方

①果粒を房からはずして水洗いし、水けをていねいにふき取る

②そのまま果粒をチャック付きビニール袋、またはタッパーなどのプラスチック密閉容器に入れ、冷凍室で凍らせる

ひと口メモ

食べきれずに残ってしまったブドウは冷凍庫に入れたままにせず、冷蔵庫に入れておくとなにかと便利。必要に応じて自然解凍すると皮離れがよく、生食を楽しむことができます。

また、天然シャーベットとしていただくことはもちろん、ミキサーにかけてジュースにしたり、好みの量のグラニュー糖やレモン汁を加えて煮詰め、オリジナルジャムをつくったりすることもできます。

◆ブドウの苗木入手先案内

株式会社原田種苗　〒038-1343　青森市浪岡大字郷山前字村元42-1
TEL 0172-62-3349　　FAX 0172-62-3127

株式会社天香園（てんこうえん）　〒999-3742　山形県東根市中島通り1-34
TEL 0237-48-1231　　FAX 0237-48-1170

有限会社中山ぶどう園　〒999-3246　山形県上山市中山5330
TEL 023-676-2325　　FAX 023-672-4866

株式会社福島天香園　〒960-2156　福島市荒井字上町裏2
TEL 024-593-2231　　FAX 024-593-2234

茨城農園　〒315-0077　茨城県かすみがうら市高倉1702
TEL 029-924-3939　　FAX 029-923-8395

精農園　〒950-0207　新潟市江南区二本木2-4-1
TEL 025-381-2220　　FAX 025-382-4180

株式会社植原葡萄研究所　〒400-0806　山梨県甲府市善光寺1-12-2
TEL　055-233-6009　　FAX 055-233-6011

有限会社前島園芸　〒406-0821　山梨県笛吹市八代町北1454
TEL 055-265-2224　　FAX 055-265-4284

有限会社小町園　〒399-3802　長野県上伊那郡中川村片桐針ヶ平
TEL　0265-88-2628　　FAX 0265-88-3728

北斗農園　〒623-0362　京都府綾部市物部町岸田20
TEL 0773-49-0032

岡山農園　〒709-0441　岡山県和気郡和気町衣笠516
TEL 0869-93-0235　　FAX 0869-92-0554

株式会社山陽農園　〒709-0831　岡山県赤磐市五日市215
TEL 086-955-3681　　FAX 086-955-2240

丸筑農園　〒839-1232　福岡県久留米市田主丸町常盤645-2
TEL 0943-72-2566　　FAX 0943-73-1070

＊この他にも日本果樹種苗協会加入の苗木業者、およびJA（農協）、園芸店、デパートやホームセンターの園芸コーナーなどを含め、苗木の取扱先はあります

側枝：主枝や亜主枝から発生している枝。結果部位を形成する枝。

●た行

台木品種：繁殖のため穂品種を接ぐ台となる品種。ブドウではフィロキセラ抵抗性の台木が利用される。

他発休眠：温度などの環境条件が整わず、発芽しない状態。自発休眠覚醒後、温度環境が好適になれば発芽する。

多量要素：植物の生育に必要な元素のうち、多量に必要とされる成分。窒素、リン酸、カリ、石灰、苦土など。

直光着色品種：果実に直接光が当たらなければ着色しない品種。（→散光着色品種）

摘心：新梢の先端部を切除すること。新梢の伸長抑制や結実確保を目的におこなわれる。

摘粒：密着した果粒を除去し房型を整えるための作業。

展葉：葉が開いた状態。展葉した葉の枚数が生育ステージの目安として利用される。

登熟：新梢が褐色になり木質化する現象。

徒長枝：非常に強勢な生長をする枝。

飛び玉：着色始め期に果房の中の数粒が先行して着色する様子。

●な行

肉質：ブドウの果肉の性質。塊状；果皮と果肉が分離して果肉が噛み切れない、崩壊性；果皮と果肉が分離しにくく、果肉が噛み切れるもの、中間；塊状と崩壊性の中間的性質の三つに分類される。

ねん枝：新梢の基部をねじ曲げること。強勢な新梢を棚面に誘引するときにおこなう。

●は行

剝皮性：果皮と果肉の分離のしやすさ。

微量要素：生育に必要な元素の中で、必要量が微量である元素。ブドウではマンガン、ホウ素などが重要。

副芽：一つの芽から複数の新梢が発生した場合、最初に発生した芽（主芽）に対し、遅れて発生する芽のこと。

副梢：生育期に新梢の腋芽から発生する枝のこと。

房づくり：花穂の支梗を除去し、花穂の形を整えること。

物理的防除：ビニール被覆、カサ・袋かけなどの物理的方法により病害虫を防除すること。

不定芽（潜芽）：結果母枝の芽以外から発生する芽のこと。旧年枝の節部から発生することが多い。

ベレーゾン：果粒肥大Ⅱ期からⅢ期の転換期。果肉が柔らかくなる（水が回る）時期。

穂木：接ぎ木をおこなう際、台木に接ぐ枝のこと。

●ま行

負け枝：先端の枝の勢力が、基部側の枝より弱くなる状態。

基肥：年間の生育のために施用される肥料。主に収穫後の秋季に施用される。

●や行

誘引：新梢や結果母枝を棚面や支柱に固定すること。

有機質：植物体や堆肥、骨粉など動植物由来の資材。

●ら行

礼肥：収穫後に貯蔵養分の蓄積を目的に施用される肥料。窒素主体の速効性肥料が使われる。

◆主な用語解説（ブドウ栽培に使われるもの。五十音順）

●あ行

亜主枝：主枝から分岐する骨格枝。主枝と同様に半永久的に使用する。
栄養生長：新梢や根などの栄養器官の生長。
枝変わり品種：枝の突然変異によって生まれた品種。

●か行

花芽分化：花芽を形成する過程。ブドウでは新梢の腋芽内に形成される。
花冠：キャップとも呼ばれる。花弁にあたる部分。ブドウでは展開せずに離脱する。
花穂：ブドウの小花が集合したもの。開花までは花穂と呼び、結実後は果房と呼ぶ。
果粉：果粒の表面に形成される白粉状のロウ物質。ブルーム。
果房：穂軸に果実（果粒）が集まって構成された房。ブドウでは果実を指す名称。
犠牲芽剪定：枝の枯れ込みを防ぐため、組織の硬い芽の部位で剪定する方法。
拮抗作用：ある成分が多量に存在することで、他の成分の吸収が妨げられる現象。ブドウではカリ過剰による苦土欠乏が代表例。
旧年枝：２年生以上の枝（結果母枝は１年枝）。
休眠期：秋から春にかけて見かけ上、生長を停止している時期。
切り返し剪定：結果母枝や旧年枝を下位の枝（主幹に近い部位）まで切除する剪定方法。
切り詰め：枝を切り詰めること。
車枝：隣り合った芽から左右に枝が発生している状態。車枝の部位より先端は生育が弱くなりやすい。
黒づる：古い旧年枝。剪定ではなるべく黒づるは残さないように心がける。
形成層：枝の組織で細胞分裂が盛んな部分。接ぎ木では穂木と台木の形成層を合わせることが重要。
結果母枝：１年枝。新梢を発生させる枝。
結実：果粒が落ちずに着生すること（実どまり）。
光合成：光エネルギーを利用し、水と二酸化炭素から炭水化物を生産する作用。
耕種的防除：化学農薬を使わず栽培法の改善などで病害虫や雑草を防除すること。ブドウでは巻きひげの切除や粗皮削りなどがおこなわれる。
小張り線：杭通し線の間に、新梢や結果母枝を誘引するために張られた線。

●さ行

さし枝：主枝の先端方向に向かって伸びている強勢な新梢や結果母枝。
散光着色品種：果実に光が直接当たらなくても着色する品種。（→直光着色品種）
自発休眠：生育に良好な温度条件に遭遇しても発芽しない状態。自発休眠の覚醒には一定の低温遭遇やシアナミド処理などが必要。
主芽：最初に腋芽内に分化した芽。最初に発芽する大きな芽。
主幹部：地際から主枝を分岐するまでの幹となる部分。
樹冠：枝が棚面を覆っている範囲。
受精：柱頭に付着した花粉が発芽し、その核が胚のう内の卵核と結合すること。
樹勢：樹の勢い。勢力（樹勢が強い、樹勢が弱い）。
ショットベリー（shot berry）：無核の小さな果粒のこと。
新梢：その年に伸長した枝。
清耕栽培：圃場に草を生やさずに栽培する方法。
生殖生長：植物が次世代を残すための花芽分化や開花、受精、成熟にかかわる成長過程。

一面のブドウ園（甲州市勝沼町）

ブドウの収穫果（ピオーネ）

〈主な参考文献〉

『ブドウ栽培の基礎理論』コズマ・パール著　粂栄美子訳（誠文堂新光社）
『日本ブドウ学』中川昌一監修（養賢堂）
『葡萄の郷から』（山梨県果樹園芸会）
『ブドウの作業便利帳』高橋国昭著（農文協）
『手づくりジャム・ジュース・デザート』井上節子著（創森社）
『ワイン博士のブドウ・ワイン学入門』山川祥秀著（創森社）
『新版 果樹栽培の基礎』杉浦明編著（農文協）
『ブドウの根域制限栽培』今井俊治著（創森社）
『よくわかる栽培12か月ブドウ』芦川孝三郎著（NHK出版）
「葡萄考（Ⅰ）葡萄のルーツ」菅淑江、田中由紀子著（中国短期大学）
「平成４年度 種苗特性分類調査報告書（ブドウ）」（山梨県果樹試験場）

著者プロフィール

●**小林和司**（こばやし かずし）

山梨県果樹試験場主幹研究員・育種部部長、技術士（農業部門）。園芸学会会員。

1963年、山梨県生まれ。島根大学農学部卒業。山梨県病害虫防除所、山梨県農業技術課を経て現職。ブドウの省力栽培技術の開発、新品種の育成などのブドウ研究に携わる。また、兼務で山梨県立農業大学校講師、山梨大学大学院非常勤講師（基礎ブドウ栽培学特論）などを歴任する。

著書に『図解 よくわかるブドウ栽培』（創森社）がある。

デザイン——寺田有恒　ビレッジ・ハウス
撮影——三宅 岳　三戸森弘康　ほか
取材・写真協力——山梨県果樹試験場　山梨県果樹園芸会
ぶどうばたけ（三森斉＆三森かおり）
ぶどうの国文化館　大善寺
農研機構果樹研究所　今井俊治
北海道ワイン　天香園　角田良一
本坊酒造信州マルス蒸留所
ぶどうの丘　ふるうつらんど井上
イラスト——宍田利孝
校正——吉田 仁

〈育《そだ》てて楽《たの》しむ〉ブドウ　栽培《さいばい》・利用加工《りようかこう》

2015年6月18日　第1刷発行
2019年11月7日　第4刷発行

著　　者——小林和司《こばやしかずし》
発 行 者——相場博也
発 行 所——株式会社 創森社
〒162-0805 東京都新宿区矢来町96-4
TEL 03-5228-2270　FAX 03-5228-2410
http://www.soshinsha-pub.com
振替00160-7-770406
組　　版——有限会社 天龍社
印刷製本——中央精版印刷株式会社

ISBN978-4-88340-298-4 C0061